내 지위는 내가 결정합니다

STATUS-SPIELE.

Wie ich in jeder Situation die Oberhand behalte
by Tom Schmitt and Michael Esser
Copyright © S. Fischer Verlag GmbH, Frankfurt am Main, 2009
Korean Translation Copyright © 2022 by Sansuya Publishing Co.
All rights reserved.
The Korean language edition published by arrangement with
S. Fischer Verlag GmbH through MOMO Agency, Seoul.

이 책의 한국어판 저작권은 모모 에이전시를 통해
S. Fischer Verlag GmbH사와의 독점 계약으로 '도서출판 산수야'에 있습니다.
저작권법에 의해 한국 내에서 보호를 받는 저작물이므로 무단전재와 무단복제를 금합니다.

우아하게 관계를 뒤집는 지위놀이의 기술

내 지위는 내가 결정합니다

STATUS
SPIELE

툼슈미트 · 미하엘 예서 지음 | 전대호 옮김

핀라이트
PINLIGHT

일러두기 ───────

• 이 책의 원제는 독일어로 **Status-Spiele**이다. '**Status**'의 사전적 의미는 위상, 지위, 신분, 상태, 서열 정리 등을 포함하고 '**Spiele**'는 놀이, 장난, 게임, 경기, 노름, 내기 등을 뜻한다. 이 책에서는 status-spiele를 '지위놀이'로 번역했다.

• 본문에는 '**S#.**'과 '**insert**'라는 시나리오 용어가 등장한다. '**S#.**'는 씬(scene) 넘버를 뜻하며, 각 장면의 시작을 제시한다. '**insert**'는 영화에서 화면과 화면 사이에 삽입되는 장면을 의미한다.

• 본문에 나오는 네 가지 지위 유형의 명칭은 원서와 달리 좀 더 직관적인 우리말로 편집했다. (성취형, 공격형, 허세형, 순응형)

이 책은 내가 늘 품고 있던 의문에서 비롯되었다. 나는 왜 다른 사람에게 자주 양보하고 당하기만 할까? 나는 왜 여러 가지 상황에서 매번 비슷하게 반응하고 같은 실수를 반복할까? 그 상황은 나의 의지와 상관없는 걸까? 아니면 내가 초래하는 걸까? 그 상황을 다른 시각으로 보고 평가한다면 다르게 반응할 수 있지 않을까? 내가 주도적으로 나의 입장을 주장하고 당당히 이익을 챙길 수는 없을까?

의문은 곧 호기심으로 이어졌다. 다른 사람들도 이런 의문을 가질까? 사람들에게 한번 물어볼까? 나와 같은 생각을 해 본 사람이 있다면, 그 사람은 어떤 결론을 내렸을까?

대답은 예상보다 가까이 있었다. 나는 즉흥연극을 접하면서 그 표현양식을 창시하는 데 직접 참여한 키스 존스톤Keith Johnstone을 만났다. 그는 내게 이렇게 이야기했다. "모든 이야기는 예외 없이 '지배'와 '종속'을 다룬다."

나는 그의 말로부터 내 호기심에 대한 힌트를 얻었다. 그리고 그 후에, 자신의 행동을 되돌아볼 때 스스로에게 던져 봐야 할 질문들을 정리할 수 있었다. 예를 들면 이런 것이다.

나는 언제 지배적으로 행동하고 언제 종속적으로 행동하는가? 만약 그렇게 행동한다면 내 행동은 언제, 어떻게 변하는가? 누가 나의 행동 변화를 유발하는가? 나에게 영향을 끼쳐 행동을 바꾸게 만드는 사람은 어떤 사람들인가?

새로운 시각은 놀라운 발견을 선사했다. 나의 일상은 특별한 상황들로 가득 차 있었다. 내 행동을 변화시키는 일들이 주변에서 끊임없이 일어났다.

키스 존스톤은 배우들이 이 현상(그는 이것을 '지위 현상'이라고 명명했다)을 의식적으로 활용한다고 말했다. 특히 희극배우들은 지위 현상이 일으키는 인상적이고 때로는 어리둥절하기까지 한 효과를 즐겨 이용한다고 했다. 신속하고 교묘한 지위 역전이 웃음을 유발하기 때문이다.

이 깨달음은 내게 큰 교훈을 주었다. 연극과 영화에서 그토록 탁월한 효과를 발휘하는 '지위' 원리를 실제 삶에도 적용할 수 있을까?

나는 주변을 관찰하기 시작했다. 사람들의 지위행동이 노골적으로 드러나는 상황, 특히 지위가 바뀌는 상황에 주목했다. 그러고 나니 도처에서 지위 현상이 눈에 띄었다. 일상에서, 직장에서, 연애에서까지 모두가 끊임없이 무의식적인 지위놀이를 하고 있었다.

그렇게 세상을 바라보다 보니 이런 생각이 들기 시작했다. 지위놀이가 자동적으로 발생하도록 내버려두는 것이 아니라 우리가 의식적으로 그 놀이를 해 보면 어떨까? 배우들이 연기하듯한다면, 가능하지 않을까?

결과부터 이야기하자면, 가능했다. 그것도 아주 훌륭하게 할 수 있었다.

나는 홀린 듯 지위놀이의 세계로 빠져들었고, 결국 지위놀이에 관한 책을 쓰기에 이르렀다. 과거나 지금이나 내가 느끼는 지위놀이의 가장 큰 매력은 지위가 우아하게 전복될 때 생기는 행복감이다.

차례 STATUS SPIELE

프롤로그

입장

S#.1 카페, 낮

어떤 여자가 카페에서 친구를 만나기로 했다. 카페에 들어서니 친구는 아직 보이지 않는다. 여자는 하나 남은 빈 테이블로 가서 의자에 가방을 내려놓는다. 이어서 카페 구석에 마련된 옷걸이로 다가가 외투를 벗어 건다. 다시 테이블로 돌아오니 어떤 남자가 앉아 있다. 여자는 남자에게 주인이 있는 테이블이라고 말한다. 남자는 자기가 앉을 때 테이블이 비어 있었다고 대꾸한다. 계속 앉아 있을 모양이다. 마음에 안 드는 사람이다.

우리는 가끔 이런 뜻밖의 문제상황에 부딪히곤 한다. 이때 맞닥뜨리는 문제는 대체로 만족스럽게 해결되지 않는다. 결국

우리는 뜻한 바를 이루지 못하거나, 이룬다 하더라도 불쾌한 경험 후에 남는 불편한 기분을 감당해야 한다. 앞의 장면도 그런 식으로 진행될 소지가 다분하다. 남자가 일어나서 여자에게 자리를 내주든가, 아니면 남자가 그냥 앉아 있고 여자가 자리를 포기하는 수밖에 없다. 두 사람은 각자의 이익을 위해 싸우게 될 것이다. 한 사람은 이기고, 한 사람은 진다. 이때 흥미로운 질문이 생긴다. 두 사람은 자신의 뜻을 관철하기 위해서 어떻게 행동할까?

예상을 내놓기 전에 여자와 남자에 관한 기본 정보를 알 필요가 있다. 그들의 성격, 유머감각, 의지력, 감정을 다스리는 방식을 알아야 한다. 이 요소들은 임박한 다툼이 어떻게 진행될지와 누가 이길지에 결정적인 영향을 미친다.

또한 두 사람이 사회구조 안에서 각자의 위치를 정한다는 사실도 고려해야 한다. 사람들은 사회생활에서 가장 오래되고 가장 효과적이라고 할 만한 규칙과 모범, 즉 사회구조에 따라 각자의 이익을 절충한다. 다시 말해 여자와 남자는 '무의식적인' 지위놀이를 할 것이다. 주어진 사회구조 바깥에서 지위놀이를 할 수 있는 사람은 아무도 없다.

개인의 지위는 높거나 낮다. 어떤 개인이든 다른 사람의 지위보다 위거나 아래다. 앞 장면의 여자와 남자도 누가 높고 누가 낮은지를 가리기 위해 곧 싸움을 시작할 것이다. 이 대목에서 재미있는 사실은, 우리에게 다른 길은 없다는 점이다. 우리는 운명적으로 지위를 놓고 다투어야 한다. 사람들 사이의 지위 현상은 언제 어디에나 있기 때문이다.

파울 바츨라비크Paul Watzlawick(오스트리아 태생 미국 심리학자, 철학자)가 말했듯 사람은 소통하지 않을 수 없다. 마찬가지로 사람은 지위를 놓고 겨루지 않을 수 없다. 사람과 사람이 만나자마자 주고받는 소통은 대부분 지위를 정하기 위한 것이다.

당장 주변 사람들이 하는 행동만 살펴봐도 지위 현상이 얼마나 다양하고 다채롭게 우리의 일상을 지배하는지 알 수 있다. 어떤 사람들은 순식간에 대화를 주도한다. 반면에 어떤 사람들의 말은 자꾸 방해를 받아서 끊긴다. 어떤 사람은 방금 발행된 벌금고지서를 경찰관 스스로가 찢게 만든다. 반면에 어떤 사람은 싸우는 게 싫어서 종업원에게 항의하지 않고 다 식어 버린 수프를 먹는 쪽을 택한다. 이 밖에도 수없이 자주 눈에 띄는 여러 행동들을 다음의 질문으로 쉽게 분류할 수 있다.

누가 누구 앞에서 어떤 지위를 차지하는가? 누가 자신의 뜻을 관철하고, 누가 자발적으로, 혹은 억눌려 상대방의 의지에 굴복하거나 설득당하는가?

지위 현상의 첫 번째 기본명제는 존중과 호감, 그리고 성취력에 관한 것이다. 존중받는 것을 중시하는 사람일수록 자신의 목표에 도달할 확률이 높다. 그러나 존중받기 위해서는 높은 지위를 차지해야 하고, 호감을 잃는 대가를 치러야 한다. 다시 말해 자신의 뜻을 자주 관철하는 사람은 사랑받는 경우가 드물다. 반면에 타협을 추구하거나 자신의 이익을 제쳐 놓는 데 익숙한 사람들은 낮은 지위에 놓인다. 그러면 호감을 얻지만 그 대가로 존중을 잃는다.

90퍼센트의 사람들은 두 번째 길을 선호한다. 평화로운 관계 속에서 살기를 바라는 것이다. 나머지 10퍼센트만이 사랑받는 것보다 존중받는 것에 더 큰 가치를 둔다. 보통 리더의 역할을 하는 사람들이 그렇다.

 지위 현상은 언제 어디에나 있다. 지위 현상에서 벗어날 길은 없다. 우리는 항상 특정한 지위를 차지한다. 다른 사람들도 마찬가지다. 지위는 우리가 소통하는 방식을 결정하며 우리가 무엇을 성취할지도 결정한다.

지위와 성취력, 존중과 호감에 관한 첫 번째 명제를 지침으로 삼아 앞의 카페 장면이 어떻게 진행되는지 좀 더 살펴보자.

◇◇◇

S#.1-1 카페, 낮

남자가 테이블을 비워 줄 마음이 없음은 분명해 보인다. 이제 차례는 여자에게 넘어왔다.

여자　의자 위에 가방 안 보이세요? 그쪽이 앉기 전에 제가 놔둔 거예요.

남자　전 못 봤는데요.

여자　이젠 보이시죠? 그럼 주인 있는 테이블이라는 거 아셨겠네요.

남자　아뇨, 모르겠는데요. 가방 놔둔다고 그쪽 게 되나요?

여자　자리를 잡아 놓은 거죠. 옷 걸어 두려고 잠깐 일어났던 거고요.

남자는 더 이상 대꾸하지 않고 어깨를 으쓱한다. "운이 참 나쁘시네요." 하고 말하는 듯한 몸짓이다. 이어서 남자는 여자가 안중에도 없는 것처럼 메뉴판을 들여다본다. 여자는 잠시 머뭇거리다가 돌아서 다른 테이블을 찾는다.

◇◇◇

남자는 비록 호감을 잃었지만 자신의 뜻을 관철했고, 그 결과에 만족할 것이다.

여자는 자신의 뜻을 관철할 수 없었다. 그녀는 상황이 까다로워지자 충돌을 피하고 싶어졌고 싸우지 않기 위해 물러났다. 그러나 여자는 그 결과가 불만스러울 것이다. 그녀는 당황했고 화가 났으며 마음에 상처를 입었다. 자리를 못 잡은 것보다 남자에게 진 것이 더 기분 나쁠지도 모른다.

두 사람이 차지한 지위를 살펴보면 그들 각자의 마음가짐을 알 수 있다. 남자는 "내 뜻을 관철할 테야, 일어나지 않을 거야."라는 입장을 취한 반면 여자는 "공정한 대접을 받고 싶다."라는 입장에 집중했다. 그러나 남자는 공정하지 않았고, 여자는 속수무책일 수밖에 없었다.

그런데 만일 여자도 "나는 내 뜻을 관철할 테야"라는 식으로 나왔다면, 어떤 일이 벌어졌을까?

1부

지위 경기장

살면서 똑같은 어리석음을 두 번 범하는 것은 바람직하지 않다.
살면서 범할 수 있는 다른 어리석음이 매우 많기 때문이다.
버트런드 러셀(1872~1970, 영국 철학자, 노벨문학상 수상자)

지위다툼, 어느 누구도
양보할 수 없다

두 사람 모두가 상대방을 테이블에서 쫓아내기로 마음먹은 상황을 살펴보기 위해 다시 카페 장면으로 돌아가 보자. 남자는 시선을 돌려 메뉴판을 본다. "난 더 이상 할 얘기가 없다."라는 메시지를 통보하는 동작이다.

앞 장에서 제시한 카페 장면 S#.1 에서 여자는 울분을 꾹 참고 상황을 받아들였다. 그러나 아래 장면에서는 그렇게 하지 않는다.

◇◇

S#.1-2 카페, 낮

여자   정중하게 부탁드릴게요. 일어나서 다른 테이블을 찾아
주세요.

남자	무슨 얘긴지 모르겠군요. 방해하지 말아 주실래요?
여자	방해할 수밖에 없어요. 그쪽이 계속 제 테이블에 앉아 있잖아요.
남자	그쪽 테이블이라고요? 혹시 카페 주인이세요? 아닌 것 같은데…….

남자는 다시 메뉴판을 들여다본다. 여자가 맞은편 의자에 앉아 남자와 마찬가지로 메뉴판을 들여다본다. 남자가 놀라 고개를 든다.

남자	저도 정중하게 말씀드릴게요. 여긴 빈 테이블이 아니잖아요. 먼저 저한테 앉아도 되냐고 묻는 게 예의 아닌가요?
여자	여긴 제 테이블이에요. 앉아도 되냐고 물어야 할 사람은 제가 아니라 그쪽이죠.

싸움이 시작되었다. 두 사람 중 한 명이 흥분하여 날뛰거나 양보할 때까지 한동안 지속될 싸움이다. 어쩌면 두 사람이 평화롭게 타협하는 것으로 싸움이 마무리될 수도 있다. 물론 그런 마무리는 현실에서 좀처럼 찾아보기 어렵다. 이 장면에서 여자는 호감을 아무리 많이 잃더라도 존중받기로 결심했다. 이 점에서 여자의 반응은 앞선 장면에서와 근본적으로 다르다.

여자는 도전을 받아들이고 지위다툼이 벌어지는 경기장에 들어섰다. 그녀는 이기기로 작정했다.

 지위놀이에서 내면의 상태가 건물의 뼈대라면 외적인 표현

은 건물의 앞면이다. 뼈대가 튼튼하면, 앞면은 어떤 모양이라
도 될 수 있다.

지위와 서열 정리는 항상 새롭게 설정되어야 하는 현상이다.
사람과 사람이 접촉하면 불가피하게 곧바로 최고의 자리를 차지
하기 위한 다툼이 시작된다. 일상, 직장생활, 연애…… 모든 관계
가 마찬가지다. 우리가 싸우기를 원하든 원치 않든 상관없다. 지
위다툼은 언제 어디서나 반드시 일어난다. 보통의 경우 각자의
지위는 단 몇 초 만에 할당된다. 하지만 때로는 시간이 더 걸릴
수도 있다. 남자와 여자가 팽팽히 맞선 앞의 상황에서는 한 사람
이 이길 때까지 싸움이 지속된다. 누구의 지위가 높고 낮은지 명
백해질 때까지 싸움은 끝나지 않을 것이다.

이때 '높음'과 '낮음'은 상대적인 개념이다. 두 사람의 지위
차이가 커야 할 필요는 없다. 오히려 두 사람의 지위가 비슷할수
록 싸움은 더욱 흥미진진해진다. 지위 차이가 적을 때 더 자주,
지속적으로 싸움이 일어나기 때문이다. 반대로 재벌 총수와 말
단 직원처럼 지위 차이가 큰 경우는 지루하다. 누가 높고 누가
낮은지가 애초부터 확실하기 때문이다. 이렇게 지위 차이가 클
때는 분쟁이 거의 발생하지 않는다. 너무 무모하고 위험해서 얻
을 것이 없는 분쟁이라는 사실을 서로가 잘 안다. 그러므로 지위
할당이 그리 명확하게 이루어지지 않은 경우에 더 흥미로운 다
툼이 벌어질 수밖에 없다.

대부분의 지위다툼은 자동적으로 일어난다. "나는 존중받기
를 원해." 혹은 "나는 호감을 얻고 싶어." 같은 마음가짐은 무의

식적으로 채택된다. 내면의 감정상태가 행동과 반응을 결정하고 지위놀이의 진행을 결정한다. 누구나 일반적으로 자신의 감정을 토대로 행동하기 때문에 다른 행동방식을 선택할 가능성은 일단 배제된다. 자신의 행동을 명확히 정의하고 의식화된 전략을 토대로 삼는 경우가 드물다는 뜻이다.

그러나 지위놀이를 이해하면 다른 행동방식을 선택하는 것이 가능해진다. 지위 할당은 반드시 무의식적으로 이루어져야 하는 사안이 아니다. 얼마든지 의식 수준까지 끌어올릴 수 있다. 그럼으로써 맹목적인 싸움은 경기장이나 무대에서 펼쳐지는 지적인 놀이로 발전한다. 이는 지위 할당 과정에 있어 매우 결정적인 한 걸음을 내딛는 일이다. 의도적으로 분쟁에 뛰어들어 자신이 거기에서 얼마나 큰 영향을 받을지를 시험해 보는 것이 바로 지위놀이다.

카페 장면에서라면 어떤 식으로 결정적인 한 걸음을 내딛을 수 있을까?

남자가 여자를 무시하고 메뉴판을 들여다보았을 때 여자의 반응을 다시 설정해 보자.

◇◇

S#.1-3 카페, 낮

여자   그럼 제가 여기 앉아도 될까요?

남자   아뇨, 올 사람 있어요.

여자   잘 됐네요. 저도 기다리는 사람 있어요.

여자가 자리에 앉고, 남자는 메뉴판을 제쳐 놓는다.

남자	다른 테이블을 찾으셔야죠.
여자	안타깝지만 빈 테이블이 없는걸요.

여자가 메뉴판을 끌어다가 살펴본다.

여자	혹시 추천하실 만한 메뉴 있어요?

이제 남자는 혼자서 테이블을 차지하기 어려워졌다. 노골적으로 불쾌감을 내보이거나 적대감을 드러내더라도 결국은 여자의 장단에 맞춰 행동할 수밖에 없다. 이미 여자에게 높은 지위를 빼앗겼기 때문이다. 여자는 지혜와 재치를 발휘해 자신이 주도하는 상황으로 남자를 끌어들였다. 골치 아프고 감정적으로 힘든 상황을 자신에게 유리하게 바꾼 것이다.

이런 능력을 발휘하는 비결은 '의식적인 지위놀이'다. 자신의 지위를 의식적으로 협상하는 사람은 불가피한 분쟁을 놀이나 거래로 바꿀 수 있다. 그러면 상황에 휘말리지 않고 배우가 되어 주인공의 역할을 할 수 있게 된다.

카페는 무대, 테이블을 차지하려는 싸움은 연극의 한 장면, 맞서고 있는 두 사람은 주인공이다. 그러면 연출은 누가 맡을까? 당연히 의식적으로 지위놀이를 하는 사람이 맡는다.

 자신의 지위를 의식적으로 협상하면 놀이가 시작된다.

상황이 어떻게 진행되는지 더 살펴보자.

여자가 메뉴판을 보는 동안 종업원이 다가온다.

종업원 주문하시겠어요?

남자 라테 마키아토 한 잔이요.

여자 저도 똑같은 걸로 주세요. 그리고 바닐라 사과 케이크 한 조각도요.

남자 (종업원 보며) 혹시 이분이 앉으실 만한 빈 테이블이 없나요? 임시로 여기에 앉아 계신 거라서요.

종업원 저 뒤에 금방 자리가 날 겁니다. 방금 손님들이 계산서를 달라고 하셨거든요.

남자는 호락호락하지 않다. 아주 능숙하게, 또 그다지 무례하지 않게 상황을 뒤집었다. 이제 여자가 침착해야 한다. 당황하거나 화를 내면 안 된다.

여자 (종업원 보며) 감사합니다, 하지만 저는 계속 여기 앉아 있을 거예요. 이 귀여운 남자분이랑 같이요.

여자가 가벼운 고갯짓으로 인사하자 종업원이 떠난다.

남자 저기요, 저는 그쪽이 이 테이블에 앉아 있어도 된다고 한 적 없거든요. (한숨 쉬며) 그냥 제가 다른 테이블을 찾아드릴게요.

여자 우와, 정말 친절하시네요. 감사합니다.

남자 그러니까 빈 테이블이 있으면 옮기시겠다는 말씀이시죠?

여자   아뇨, 제가 당신의 배려를 높게 평가한다는 뜻이에요.
        기다리는 사람이 남자예요, 여자예요?

다시 여자가 주도권을 잡았다. 여자는 즐거운 태도로, 이 테이블에 계속 머물겠다는 신호를 여러 번, 확실하게 보냈다. 따라서 남자는 자신의 뜻을 여자에게 강요하기가 다시금 어려워졌다. 반드시 혼자서 테이블을 써야겠다면, 그는 새 테이블을 찾아 나서야 할 것이다.

 지위놀이에서 가장 중요한 기준은 호감과 존중이다.

놀이는 여자에게 유리해졌다. 여자는 "나는 이 테이블을 원해."라는 마음가짐을 유지하면서도 그 의지를 지능적으로 바꿔 표현했기 때문이다. 그녀는 목표에 도움이 된다면 남자에 비해 약간 낮은 역할을 하는 것도 마다하지 않는다. 그녀는 공손한 태도를 유지하면서 남자에게 고마워하고 '귀여운 남자분'이라는 찬사를 보낸다. 이처럼 여자가 심술궂은 태도를 전혀 내비치지 않고 다정하고 우호적으로 군다면, 그 효과는 어마어마하다. 여자는 공격할 수 없는 초연한 존재가 되고 남자는 무장 해제된다.
특히, "기다리는 사람이 남자예요, 여자예요?"라는 마지막 질문을 통해 여자는 남자가 전혀 예상치 못한 새로운 대화 주제를 꺼내고, 그럼으로써 상황에 대한 통제권을 완전히 자기 쪽으로 가져온다. 그녀의 전략은 눈앞의 작은 싸움을 포기하고 목표 달성에 필수적인 사안에 집중하는 것이다. 여자는 올바르기를 원치 않는다. 이기기를 원한다.

 영리한 지위 전략가는 스스로에게 묻는다. 나는 올바르기를 원하는가, 아니면 이기기를 원하는가?

옳고 그름을 따지느라 에너지를 소비하는 대신 이익을 실현하는 데 집중하는 전략을 쓰려면 위에서 언급한 '비결'이 필요하다. 지위다툼을 그때그때 상황에 따라 놀이, 드라마, 코미디, 또는 연극으로 바꿔 생각할 줄 아는 지위 전략가는 무의식적이고 자동적인 반응 메커니즘에 얽매이지 않고 싸움을 진행할 수 있다.

여자가 평범하게, 다시 말해 '무의식적으로' 반응했다면 당연히 남자를 무례한 놈이나 사회성 결여된 멍청이로 여기고 처음부터 화를 냈을 것이다. 그렇게 되면 여자는 이 상황을 황당하고 분통 터지는 사태라고만 느끼게 된다. 그런데 이런 식의 감정을 행동의 토대로 삼으면 이길 확률이 높지 않다.

냉정하게 지위놀이를 하는 사람은 다르게 생각하고 행동한다. 위 상황에서 그런 사람들은 재미있는 일이 일어났다고 여길 것이다. 누군가가 불쑥 나타나 작은 놀이를 제안했기 때문이다. 남자는 지위를 놓고 벌이는 놀이, 결국 최후의 승자가 누구인지만이 중요한 놀이를 하자고 제안한 것이다.

 지위 전략가는 못마땅한 상황을 투정하지 않는다. 오히려 놀이를 시작하자는 제안으로 받아들인다.

그런 태도를 지닌 지위 전략가는 주어진 상황을 외면하거나 불평하지 않는다. 알아듣지도 못할 말을 우물거리며 도망치듯 자리를 떠나지도 않는다. 물론 그렇게 할 수도 있지만, 그러면 원하든 원치 않든 자동적으로 낮은 지위에 놓이게 된다. 이기는 사람이 아니라 올바른 사람이 되는 것이다. 그러나 영리한 지위 전략가는 이런 상황에서 올바르기보다 이기기를 원한다.

 삶의 모든 상황은 각자의 지위를 새롭게 정할 기회다.

네 가지
지위 유형

대부분의 사람들은 내면적으로는 그렇지 않으면서 겉으로는 확고하고 단호한 척 강자 역할을 맡는다. 반면에 내면의 명확한 전략에 따라 겉으로는 낮은 지위를 자처하면서 자신의 목표를 성취하는 사람들이 있다. 지금 우리는 그런 사람이 되고자 하는 것이다.

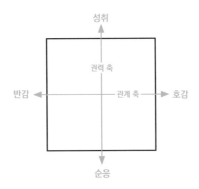

지위 유형에는 두 축이 있다. 하나는 호감과 반감을 양극으로 하는 '관계' 축이고, 다른 하나는 성취와 순응을 양극으로 하는 '권력' 축이다.

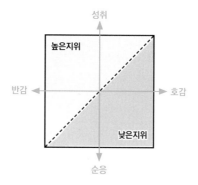

지위 유형을 양분하는 대각선이 높은 지위와 낮은 지위를 가른다. 이때 높고 낮음은 순전히 상대적으로 정의된다. 즉 상대방과의 관계에서 상대방에 비해 높거나 낮다는 뜻이다.

두 사람의 지위가 완전히 동등한 경우는 없다. 서로 동등하게 반말로 대화할 때조차 아주 작게라도 지위 차이가 존재한다.

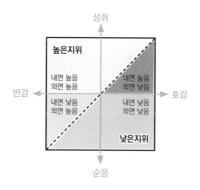

지위 유형은 내면 지위와 외면 지위를 구별한다. 내면 지위는 나의 내면적인 느낌을 대변하며, 외면 지위는 내가 겉으로 드러내는 모습을 대변한다.

이제 네 가지 지위 유형을 이야기할 수 있다.

- 내면적으로 높다고 느끼면서 겉으로 낮게 행동한다 → **성취형**
- 내면적으로 높다고 느끼면서 겉으로 높게 행동한다 → **공격형**
- 내면적으로 낮다고 느끼면서 겉으로 높게 행동한다 → **허세형**
- 내면적으로 낮다고 느끼면서 겉으로 낮게 행동한다 → **순응형**

지위 유형에는 네 요소가 있다. 높은 지위와 낮은 지위, 그리고 내면과 외면이다. 이 요소들을 조합하면 네 가지 지위 유형이 산출된다. 우리는 삶의 다양한 상황에서 때에 맞다고 판단되는 지위 유형을 골라 행동을 취한다. 그러나 우리 각자는 본능적으로 한 가지 지위 유형을 선호하는 경향이 있다. 사람들은 자기가 선호하는 지위 유형을 무의식적으로, 또 어쩔 수 없는 것처럼 늘 다시 채택한다. 지위놀이를 의식 수준으로 끌어올리지 않는다면, 우리는 숙명적으로 하나의 유형에 얽매인다. 그 지위 유형은 사회적 상황에서 난관에 부딪혔을 때 마치 자동조종 장치처럼 우리 각자의 행동을 이끈다.

 지위는 네 가지 유형으로 세분된다.
① 성취형 – 내면으로 높고 외면으로 낮은 지위
② 공격형 – 내면으로 높고 외면으로 높은 지위

③ 허세형 – 내면으로 낮고 외면으로 높은 지위
④ 순응형 – 내면으로 낮고 외면으로 낮은 지위

당연한 말이지만, 네 유형은 호감과 존중을 얻는 정도가 서로 다르다. 지위 유형 각각은 보통 아래와 같은 상황에 처한다.

- 성취형 – 존중과 호감을 동시에 얻는 상황
- 공격형 – 일단 높은 존중이 보장되는 상황
- 허세형 – 존중도 호감도 얻지 못하는 상황
- 순응형 – 호감을 얻지만 거의 존중받지 못하는 상황

단번에 알 수 있듯이, 가장 좋은 것은 성취형의 첫 번째 상황이다. 첫 번째 상황을 실현하는 데 지위놀이 솜씨와 노력이 가장 많이 필요하다. 그러나 상황이 실현되기만 하면 그만큼 풍부한 결실을 얻을 수 있다.

성취형 – 내면으로 높고 외면으로 낮은 지위

내면으로 높고 외면으로 낮은 성취형 지위는 다음과 같은 마음가짐으로부터 나온다. "나는 내가 원하는 바를 알며 나의 목표를 외교적인 방식으로 솜씨 있고 영리하게 추구한다."

앞 장에 등장한 카페 장면에서, 여자는 남자가 테이블을 내주지 않으리라는 것을 분명히 파악한 뒤에 자기도 자리에 앉아 대화를 시작한다. 그 여자가 바로 이 지위 유형에 속한다.

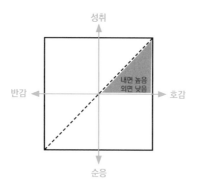

그녀는 먼저 남자에게 추천할 메뉴가 있느냐고 묻는다. 그리고 종업원에게 자기는 여기에 있을 테니 빈 테이블을 찾을 필요가 없다고 일러주고, 계속해서 남자에게 말을 건다. 이로써 여자는 자신의 목표 달성에 유리한 위치를 완전히, 의식적이고도 분명하게 차지했다. 그녀는 남자를 '귀여운 남자분'이라고 부르고 메뉴 선택을 위한 조언을 구하는 등, 우호적인 태도를 유지한다. 여자의 외면적인 행동은 남자를 과도하게 자극하지 않는다. 오히려 재치와 능글맞은 태도, 감정이입 능력으로 남자를 움직여 낮은 지위로 밀어내고 일관적으로 높은 지위를 차지한다.

여자가 겉보기에 낮은 지위를 맡는 것은 자신의 규칙에 맞게 놀이를 이끌기 위한 능숙한 행보다. 여자는 세세한 다툼에서 이기는 것에 가치를 두지 않는다. 높은 지위를 포기하는 것이 너무 큰 대가가 아니면서 다른 한편으로 자신의 목표에 한 걸음 더 다가서게 해 준다면, 여자는 기꺼이 그렇게 한다. 그녀는 맹목적으로 싸우지 않고 두루 살피면서 싸운다. 그러면서 결정적인 순간에 외면적으로 낮았던 지위를 높은 지위로 바꿀 줄도 안다. 여자가 단호하게 테이블에 앉는 때가 그런 순간이다. 남자는 그녀에게서 시선을 돌려 메뉴판을 바라봤지만, 여자는 노골적인 무시에도 화를 내거나 물러나지 않고 상황을 새롭게 전환시킨다.

이런 식으로 낮은 지위와 높은 지위 사이를 신속하게 오가는 데 능숙한 사람은 외교적인 솜씨가 뛰어난 사람이며 다른 사람들에게 카리스마 있는 사람이라는 인상을 준다.

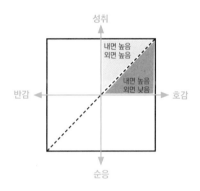

공격형 – 내면으로 높고 외면으로 높은 지위

카페 장면의 남자는 내면으로 높고 외면으로도 높은 공격형 지위에 잘 맞는다. 그는 테이블을 차지하고 지킨다. 그럴 권리가 있는지 없는지는 남자에게 아무 의미가 없다. 그는 의지가 강하며 평화를 원하는 마음도 없다. 따라서 별다른 어려움 없이 단도직입적으로 높은 지위를 차지하겠다고 나선다. "나는 여기에 머문다. 그것이 좋고, 옳다."

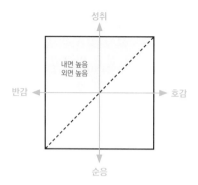

이렇게 행동하려면 상당히 뻔뻔스러워야 한다. 이 지위 유형을 만나면, 일부 사람들은 그렇게 공격적이고 거칠게 행동할 필요가 있냐고 묻게 된다. 우리는 흔히 결정권자, 혹은 기가 세다는 평가를 받는 사람들에게서 이런 뻔뻔스러움을 발견한다.

안팎으로 지위가 높은 사람들의 핵심적인 특징은, 자기가 원하는 바를 정확히 알고서 처음부터 주도권을 쥔다는 것이다. 그들은 사태의 진행을 결정하겠다는 의지를 명확히 드러낸다.

공격형 지위 유형을 지닌 사람들은 결정하는 역할을 고집하기 때문에 외교적인 수완이 요구되는 상황에서는 능력을 발휘하기가 어렵다. 이런 사람들은 외교적인 절차에 익숙하지 않으며, 친절은 그들의 전문분야가 아니다. 그들은 친절을 연습한 적이 없어 능숙하지 못할 뿐만 아니라 본능적으로 친절을 거부한다. 그들의 행동은 경직되어 있고 정정당당하지 않거나 억지스러워 보이기까지 한다. 따라서 당연히 진실성을 인정받지 못한다.

그러므로 지위가 안팎으로 높은 사람은 성취력은 강하지만 지위놀이 전문가가 되기에는 부족하다. 그들은 다양한 지위 역할 가운데 오로지 한 역할만 잘한다. 그래서 끝까지 싸우고 절대로 패배를 인정하지 않으려고 한다. 그들은 자신이 선택한 길 말고 다른 길이 있을 가능성을 알아채지 못한다.

이 사실을 염두에 두면, 지위놀이에서 안팎으로 지위가 높은 공격형의 사람을 어렵지 않게 굴복시킬 수 있다.

• 보충: 진실성

진실성의 비밀은 공명, 즉 같은 소리를 내는 것에 있다. 어떤 사람이 자기 자신과 일치하는 소리를 낼 때 그 사람은 진실성을 인정받는다. 느낌과 생각, 말과 행동이 자연스럽게 일치하기 때문이다. 그렇게 자기 자신과 일치하는 사람은 강하며 자신의 이익을 잘 내세울 수 있다. 진실성은 적절한 지위를 채택하기 위한 최적의 발판이다.

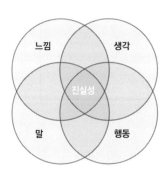

그러나 안타깝게도 우리가 이 조화로운 발판 위에 서는 일은 극히 드물다. 우리는 진실성의 네 요소가 완벽한 일치에 이르

는 것, 즉 조화로운 소리를 내는 것에 익숙하지 않다.

공명 상태는 생각과 느낌의 영향을 가장 많이 받는다. 만일 생각과 느낌이 조화를 이룬다면, 타협할 마음가짐을 갖고 외교적 수완을 발휘하거나 자기 자신과 목표를 일관되게 유지하는 사람이 될 수 있다. 그렇게만 되면 침착하고 용감하게 행동하는 것은 더 이상 어려운 과제가 아니다. 그러나 느낌과 생각이 따로 노는 사람은 말과 행동이 불일치하여 진실성을 잃는다.

허세형 - 내면으로 낮고 외면으로 높은 지위

이제 우리 자신을 비롯한 이 시대의 많은 사람들이 그렇듯 날카로운 말투로 대화하는 상황을 살펴보자.

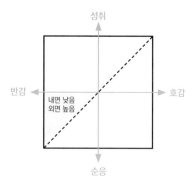

사람은 자기가 힘이 없다고 느낄 때 내면으로 낮고 외면으로 높은 허세형 지위를 취한다. 이 느낌은 내면의 사기를 땅에 떨어뜨리는 효과를 일으킨다. 자신이 무기력하다고 느끼는 사람은 쉽게 흥분하며 스스로 기가 꺾이고 힘을 잃은 채 내면적으로 낮은 지위까지 추락한다. 그리고 이 추락을 상쇄하기 위해 겉으로 정반대의 행동을 한다. 다시 말해 센 척하는 것이다.

허세형 지위 유형은 앞서 다룬 카페 장면에서 등장하지 않았다. 하지만 충분히 등장할 수 있다. 예를 들어 여자가 아래와 같이 행동할 수도 있었다.

◇◇

S#.1-4 카페, 낮

여자가 테이블로 돌아오니 웬 남자가 앉아 있다.

여자   저기요, 여긴 제 테이블이에요.

남자   당신 테이블이요?

여자   제가 먼저 여기에 있었어요.

남자   제가 앉을 땐 빈 테이블이었어요.

여자   제가 가방을 여기 놔뒀거든요. 방금 외투를 걸고 왔고요.

남자   아하, 가방. 제가 못 봤군요. 운이 참 나쁘시네요.

여자   아니, 어떻게 이렇게 뻔뻔스러우세요? 제가 먼저 여기에 있었어요. 제 테이블이에요. 정중히 부탁드리는데, 일어나세요.

남자   왜 그렇게 흥분하시는지 도통 모르겠네. 저는 그쪽 생각에 동의하지 않아요. 이미 말씀드렸듯이, 제가 앉을 때 빈 테이블이었어요.

남자가 메뉴판을 집어 들고 살펴본다.

여자   진짜 열 받네. 남자들은 도대체 왜 다 이 모양이지? 제가 가만있을 것 같아요?

남자는 반응하지 않고 계속 메뉴판을 들여다본다.

◇◇

여자가 겉으로 내보인 힘은 내면적인 낮은 지위를 충분히 가리지 못한다.

여자는 화가 났으며, 그것을 내보인다. ―"진짜 열 받네."

여자는 짜증이 났으며, 그것을 내보인다. ―"남자들은 도대체 왜 다 이 모양이지?"

여자는 힘이 없으며, 그것을 내보인다. ―"제가 가만있을 것 같아요?"

남자의 태도로 인해 더욱 강해지는 무력감 속에서 여자는 자기를 강한 사람으로 보이게 만드는 말들을 내뱉는다. 그러나 말로 하는 위력 시위는 도움이 되지 않는다. 부정적인 느낌에 이끌리는 한, 여자는 낮은 지위를 벗어날 수 없다.

여자의 강한 말들은 진실성이 거의 없어서 여자의 힘을 드러내지 못한다. 스스로가 진실성을 인정할 수 없기 때문에 여자의 전략은 실패로 돌아간다. 남자는 이 사실을 재빨리 알아챈다. 남자는 특수하고 무의식적인 방식을 사용하는 지위 전문가, 즉 지위 전략가이거나 지위놀이꾼이기 때문이다.

• 보충: 지위 전문가

지위는 어떻게 눈에 띌까? 우리는 항상 우리 자신의 지위를 사람들에게 알리며, 끊임없이 사람들의 행동에서 그들의 지위를 읽어 낸다. 지위 알리기는 두 가지 방식으로 이루어진다. 하나는 지식, 정보, 역할, 직위, 신체적인 힘, 재산 등의 외적인 요소들을 통한 방식이고, 다른 하나는 개인의 고유한 성격을 통한 방식이다. 지금 우리가 하고 있는 지위 전략가 훈련은 이 중 '개인의 고유한 성격'을 유일한 가치로 다룬다.

지위 현상은 언제 어디에서나 사람들의 삶에 결정적인 영향을 미쳐 왔다. 그렇게 생각하면 자연스럽게 모든 사람들이 지위 전문가다. 이런 관점으로 주변을 살펴보면 사람들이 지위 신호를 얼마나 잘 읽어 내는지 금세 알 수 있다.

우리와 마주한 상대는 난감할까, 냉정할까, 결단을 내렸을까, 아니면 확신에 이르지 못했을까? 우리는 이 질문에 대한 답을 안다. 상대의 동작, 표정, 몸짓에서 답을 읽어 낸다. 우리는 상대가 자신의 뜻을 명확하고 쉽게 밝히는지, 아니면 복잡하게 밝히는지, 입술을 깨무는지, 반짝이는 눈빛으로 말하는지, 진실성 있는 몸짓을 하는지, 손과 시선을 어디에 두는지 자동적으로 안다.

그 밖의 훨씬 더 많은 신호들을 자동적으로 알아채고 해석하는 능력은 까마득한 옛날부터 지금까지 우리의 생존을 위해 근본적으로 중요한 것이었다. 우리는 다른 사람들의 감정이 어떤지, 그들이 우호적인지 아니면 적대적인지, 그들을 신뢰할 수 있는지 정확히 알아야만 상대에 맞게 성공적으로 소통할 수 있다.

온갖 신호들을 타인에게 전달하는 일은 매우 다양한 경로로 이루어진다. 첫 번째는 몸짓, 표정, 목소리, 말투, 단어 선택, 재치 등의 경로가 있고, 두 번째는 옷, 자동차, 집, 장신구, 특수한 지식, 건강, 운동 능력, 외모 등의 경로가 있다.

두 번째 경로는 우리가 지위를 과시할 때 쓰이며 지위 현상을 고찰할 때에는 부차적인 의미를 지닐 뿐이다. 의식적인 지위 놀이의 핵심은 첫 번째 경로, 즉 우리의 고유한 성격과 필요할 때 우리 자신의 지위를 정하는 개인적인 능력이다.

 지위 현상에 대한 앎은 우리의 직관에 뿌리를 둔다. 그것은 본능적인 앎이다. 우리는 그 앎을 존중해야 한다.

앞서 본 카페 장면은 아직 끝나지 않았다. 여자는 내면으로 낮고 외면으로 높은 허세형 지위를 차지하기 위해 계속해서 싸운다.

◇◇◇

S#.1-4 카페, 낮

여자　카페 주인을 불러야겠네요.

남자　예, 그렇게 하십시오.

여자　세상에, 별 희한한 사람을 다 보네. 뻔뻔스럽기 짝이 없군.

남자는 대응하지 않는다.

◇◇◇

여기서 여자가 정말로 카페 사장을 부른다면, 사장은 여자를 대신해서 일을 처리할 것이다. 사장의 관심은 모든 손님들을 만족시키는 데 있다. 그러므로 유능한 사장이라면 여자와 정반대로 행동할 가능성이 크다. 사장은 내면으로 높고(확고한 의도를 가지고) 외면으로 낮게(친절하고 믿음직하게, 또 경우에 따라 아첨하면서) 두 사람이 받아들일 수 있는 타협을 추구할 것이다.

다른 한편, 여자가 현 상태에서 혼자 힘으로 승리할 가망은 거의 없다. 그녀는 감정적으로 너무나 흥분했다. 남자의 행동은 여자를 뒤흔들어 놓았다. 여자는 자기가 옳고 남자가 그르다고 확신한다. 하지만 남자는 일찌감치 본능적으로 여자를 꿰뚫어보고 여자가 자신보다 약하다는 것을 알았다. 그리고 본능적으로 여자의 약점을 무자비하게 이용했다. 냉정하게 말하자면, 여자가 패배를 자초했다.

만일 여자의 지위 유형이 달랐다면 이야기는 완전히 새롭게 진행되었을 것이다. 남자의 지위는 내면으로 낮고 외면으로 높은 허세형인 반면, 여자의 지위는 안팎으로 높은 공격형이라고 가정해 보자.

◇◇

S#.1-5 카페, 낮

여자가 외투를 걸고 테이블로 돌아오니, 웬 남자가 앉아 있다.

여자   죄송합니다만, 여기는 제 테이블입니다.

남자   무슨 말씀이신지⋯⋯, 제가 앉을 때 빈 테이블이었습니다.

남자가 말을 마치기도 전에 여자가 자리에 앉는다.

여자   착각을 하신 모양이군요. 참 운이 나쁘시네요.

이렇게 말하면서 여자는 표정과 몸짓으로 남자가 일어나서 다른 곳으로 가야 한다고 알린다.

남자   도대체 무슨 얘기를 하시는지 모르겠네요. 방금 말씀드렸듯이 제가 앉을 때 이 테이블은 비어 있었어요.

여자   주인이 있는 테이블이에요.

여자가 메뉴판을 집어 들고 살펴본다.

남자   빈 테이블이었어요.

여자   부탁인데, 그만 가 주세요.

남자   정말 말이 안 통하네. 지금 뭐하는 짓입니까? 하여튼 여자들이란…….

◇◇

다툼이 진행되고 두 사람이 짜증을 내는 과정에서 몇 가지 특징들이 눈에 띈다. 앞선 상황들과 비교했을 때 남자와 여자의 행동은 다르지만 결국 핵심적인 패턴은 같다. 승부는 처음부터 결정되어 있다. 일반적으로 내면 지위가 높은 사람이 이긴다.

물론 내면 지위가 낮고 외면 지위가 높으면서 막무가내로 날이 선 허세형의 사람을 상대로는 예외일 수 있다. 그런 사람들의 기반은 반항이다. 허세형 사람들이 과격하게 나선다면 안팎으로 지위가 높은 성취형 사람들에게 때때로 승리할 수도 있을 것이다. 하지만 막무가내로 날이 선 사람은 언젠가 맥없이 주저앉는다. 그들의 싸움은 너무 격렬하고 에너지 소모가 많다.

만일 남자와 여자가 모두 내면 지위가 낮고 외면 지위가 높은 허세형이라면, 카페에서의 다툼은 어떻게 진행될까? 아마 굉장히 추한 싸움이 될 것이다.

순응형 – 내면으로 낮고 외면으로 낮은 지위

정이 많고 도움 주기를 즐겨하는 사람들이 보통 이 유형에 해당된다. 동료들의 행복을 마음의 중심에 둔 사람들, 기꺼이 신속하게 타협하거나 자신의 이익을 동료들의 이익보다 뒤로 미루는 사람들이 그들이다. 이들은 사랑받을 자격을 얻지만 안타깝게도 성취력을 잃는다.

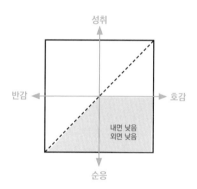

우리는 여자가 곧바로 다른 테이블을 찾으러 나섰던 카페 장면S#.1-1에서 이미 이 유형을 보았다. 여자는 남자에게 자신의 주장을 강력하게 전달하지 않고, 남자가 진지하게 테이블을 고수할 작정이라는 사실을 분명히 깨닫자 곧바로 패배를 인정한

다. 평화에 대한 욕구가 테이블을 되찾으려는 의지보다 더 강했기 때문에 다툼을 피하고 다른 해결책을 찾기로 신속하게 결정한 것이다. 이 상황의 여자는 안팎으로 낮은 순응형 지위의 전형적인 예시다.

 지위놀이를 좌우하는 결정적인 요소는 자기 자신의 고유한 성격이다. 근본적으로 나는 상대와 가까워지기를 원하는가, 아니면 거리 두기를 원하는가?

우리는 우리 자신이나 다른 사람들이 이처럼 안팎으로 지위가 낮은 순응형 역할을 하는 모습을 언제 어디에서나 볼 수 있다. 떼쓰는 아이에게 "안 돼."라고 말하지 못하고 결국 초콜릿을 내주거나, 성인이 되어 분가한 자녀의 반찬을 계속 해 주는 부모들이 그 예다. 왜 그렇게 할까? 자녀가 자신을 멀리하는 것이 두려운 탓일지도 모른다.

친근함에 대한 욕구는 항상 동료들을 도울 준비를 하고 있는 회사원을 이끄는 동기로 작용하기도 한다. 그런 사람들은 동료들을 위해 기꺼이 초과근무를 하고 동료들을 실망시키는 것은 꿈도 꾸지 못한다. 자신의 관심사가 아닌데도 연인의 취미생활을 함께하려는 사람들을 이끄는 것도 바로 친근함에 대한 욕구다.

우리는 호감과 애정을 얻고자 하는 심층적인 욕구를 가지고 있다. 그 욕구에서 비롯된 행동을 할 때, 안팎으로 낮은 순응형 지위는 우리의 행동에 지배적인 영향을 끼친다. 그러나 주변 사람을 도우려는 지나친 마음가짐 때문에 자기 자신이 부당한 대우를 받는다면, 친근함에 대한 무조건적인 욕구는 행복한 삶을 가로막는 까다로운 방해물이 될 수 있다.

 내면으로 낮고 외면으로도 낮은 순응형 지위는 주변 사람에 대한 무조건적인 존중, 그리고 애정에 대한 무조건적인 욕구에서 비롯된다.

2부

일상에서의 지위

진지한 행동과 복장에 약간의 바보짓을 가미하라.
시기적절한 어리석음은 매우 맛있는 음식과 같다.

호라티우스(고대 로마의 시인)

STATUS **1장** SPIELE

지위 현상은
언제 어디에나 있다

우리는 끊임없이 지위다툼과 지위놀이를 체험한다. 이 시대를 함께 사는 사람들은 항상 이익을 놓고 다투기 때문이다. 어떤 사람은 이것을, 다른 사람은 저것을 원한다. 그래서 때로는 낯선 사람끼리 서로 다투다가 쌍방이 아무것도 얻지 못하는 경우도 있다.

예를 들어 누군가가 주차장에서 내가 먼저 본 자리를 가로챌 때, 슈퍼마켓 계산대에서 새치기를 당할 때, 열차 안에서 옆 사람이 독서를 방해할 때 그런 일이 생긴다. 그런 상황에 처했을 때 우리는 우리 자신의 생각을 말하거나 입장을 내세우고 뜻을 관철하기를 어려워한다. 상대에게 말을 하고 원하는 바를 통보하려면 거리낌을 극복해야 하는데, 거기서 오는 스트레스가 너무 크기 때문이다.

◇◇

S#.2 공원, 낮

당신은 주말을 맞아 가까운 공원 호숫가에서 휴식을 취하는 중이다. 잔디 위에 음식 바구니를 놓고, 담요를 깔고 누워서 책을 읽는다. 그런데 젊은이 몇 명이 근처에 자리를 잡더니 담요를 깔고 술과 커다란 스피커를 내려놓는다.

◇◇

당신은 어떻게 반응할까? 짐을 챙겨서 시끄러운 음악으로 귀찮게 하는 젊은이들이 없는 다른 자리를 찾아 갈까? 혼잣말로 조용히 투덜거리며 젊은이들의 무례함을 개탄할까? 아주 부자가 되어서 방해 받지 않고 쉴 수 있는 땅을 사면 좋겠다고 생각할까? 젊은이들에게 가서 시끄럽다고 항의할까? 음량을 줄여 달라고 부탁할까? 가서 함께 놀까?

어느 쪽으로 결정하든 간에, 당신은 먼저 다음 두 질문에 명확히 대답해야 한다.

① 당신이 원하는 것은 무엇인가?
② 현재 문제가 당신의 기분을 어떻게 만들어 놓았는가?

이 두 질문에 대한 답은 당신이 자동적으로 채택한 지위를 결정적으로 굳혀 놓는다. 그리고 그 지위는 당신의 행동에 매우 큰 영향을 미친다.

52

당신이 어떤 패턴으로 반응할지 알아내기 위해서 지위 유형의 도움을 받아 보자.

성취형 – 내면으로 높고 외면으로 낮은 지위

당신은 젊은이들을 관찰하며 앞으로 벌어질 상황을 예측한다. 그 상황은 당신이 주말 오후 공원에서 기대한 바가 아니다. 당신은 언짢은 일을 일으키고 싶지 않다. 하지만 언짢은 일을 당하고 싶지도 않다.

당신은 재빨리 젊은이들이 어떤 상태인지 가늠해 본다. 그들과 대화할 수 있을까? 이미 술에 취해 있는가? 그들에게 상식적으로 호소할 수 있을까?

당신은 젊은이들이 아예 자리를 잡기 전에 접촉을 시도한다. 일단 음악이 무르익고 술이 한 바퀴 돌면 상황을 되돌리기 어려워진다. 그러기 전에 개입하는 것이 바람직하다.

당신은 젊은이들에게 친절하게 말을 건다. "어디에서 왔어요? 한 번도 못 본 청년들인데." 설령 당신이 이 공원에 처음 왔더라도 그렇게 말한다. 이 말을 통해서 당신은 호감을 잃지 않으면서 존중을 얻는다. 게다가 그들보다 경험이 많은 연장자라는 인상을 불러일으켜 유리한 위치에 서게 된다.

이어서 당신은 아마도 젊은이들이 들으려는 음악에 대해서 물을 것이다. 그들의 대답을 바탕으로 더 많은 것을 알아내고 그에 맞는 전략을 세울 수 있다. 그들이 부드러운 팝음악을 들으려 하느냐, 아니면 헤비메탈을 들으려 하느냐는 아주 중요한 문제다.

이야기가 오가는 동안에 당신은 친절하고 성실하게 계속 질문을 던져 대화를 주도한다. 분위기는 부드러워진다. 사람들이 서로 존중하면서 묻고 답하면 서로에 대한 관심이 자연스럽게 살아나기 마련이다. 이 조건을 갖추고 나면 이미 만들어진 상호존중의 분위기를 깨지 않으면서 당신의 생각을 젊은이들에게 납득시키는 일이 그리 어렵지 않게 느껴질 것이다. 공원에서 계속 휴식을 즐기기 위한 전제조건이 훌륭하게 갖춰진 셈이다.

공격형 – 내면으로 높고 외면으로 높은 지위

젊은이들이 자리를 잡고 곧 시끄러워지리라는 예상이 들자마자 당신은 곧바로 행동을 시작한다. 젊은이들에게 가서 규칙을 조목조목 이야기하는 것이다. 말투는 차갑고, 문장은 짧고, 반론이나 대꾸의 여지는 없다. "여러분, 이곳에선 고성방가, 음주, 흡연, 전부 다 금지예요. 여기는 휴식 장소거든요. 놀고 싶으면 다른 곳으로 가세요. 여기 있으려면 규칙을 지키시고요. 규칙을 위반하면 벌금이 100만원이에요. 혹시 나중에 불쾌한 일을 당할까 봐 미리 알려 주는 겁니다."

위 대사를 차가운 말투로 한번 읽어 보면 얼마나 큰 힘과 존중을 불러일으키는지 느끼게 될 것이다. 이 말을 하는 당신은 자신이 강하다고 느끼며 자신의 행동을 의문시하지 않는다.

당신의 말이 꼭 옳아야 하는 것은 아니다. 목표 달성에 도움이 되기만 한다면 다른 생각을 할 필요 없이 주장해도 된다. 중요한 것은 힘과 권위를 전달하는 것이다. 당신은 확신을 갖고 위압적으로 말한다. 이로써 당신은 호감을 잃지만, 당신의 말은 효과를 발휘한다. 젊은이들은 자리에 앉지도 않고 당신에게서 충분히 멀리 떨어져 다른 자리를 찾을 가능성이 높다.

허세형 – 내면으로 낮고 외면으로 높은 지위

당신은 상당히 기분이 나쁘다. 당신이 젊었을 때는 이렇게 무례하지 않았다는 확신이 든다. 당신은 당신 자신과 싸운다. 가서 항의할까, 말까? 그러면서 한동안은 젊은이들이 스스로 떠나기를 바란다. 그러나 그런 일은 일어나지 않을 가능성이 높다.

이윽고 어느 순간 당신은 흥분한 채로 젊은이들에게 항의하러 간다. 그리고 그들에게 화를 내며 막말을 한다. 그 결과는 아마 당신의 바람과 다를 것이다. 젊은이들은 분별 있게 행동하기는커녕 뻔뻔스럽게, 심지어 모욕적으로 반응한다. 결국 싸움이 벌어지고, 당신의 휴식은 엉망이 된다. 설령 젊은이들이 져서 쫓겨 가더라도, 당신은 한참 동안 분이 풀리지 않을 것이다.

순응형 – 내면으로 낮고 외면으로 낮은 지위

당신은 새로운 상황을 받아들일 것이며, 기분이 나쁘지만 원래의 평화로운 휴식을 되찾기 위해서 행동에 나서지 않는다. 당신은 젊은이들과 싸우게 되는 것이 두렵다. 싸움에 대한 반감이 너무 큰 나머지 당신은 차라리 새 자리를 찾아간다. 그러나 언짢은 기분은 남고, 내면에서 일어나는 독백은 당신이 당한 패배 주위를 맴돈다.

이윽고 감정이 가라앉으면, 그때서야 온갖 생각이 떠오르기 시작한다. 당신이 할 수 있었던 말과 행동, 당신이 지킬 수 있었던 자존심, 당신이 내지 못했던 용기…….

이런 일은 순응형 지위를 채택할 때 벌어진다. 당신은 다르게 행동할 수 있었지만, 상황에 압도당했다. 그리고 뒤늦게서야 당신이 마땅히 해야 했던 말과 행동들을 떠올린다.

앞의 네 가지 행동패턴은 단지 예시일 뿐, 지침으로써 제시된 것은 아니다. 단지 몇 가지 가능한 반응 패턴들을 보여 준 것이며, 그 패턴들은 세부적으로 매우 다양하게 조합되어 진행될 수 있다. 중요한 것은 이런 다양한 행동과 반응 패턴들의 특징을 알고 이해하는 것이다.

이제 기본 상황은 앞과 비슷하지만 상대가 다른 두 번째 예를 살펴보자.

◇◇◇◇◇◇◇◇◇◇◇◇◇◇◇◇◇◇◇◇◇◇◇◇◇◇◇◇◇◇◇◇◇◇◇◇◇◇

S#.3 공원, 낮

당신은 공원 호숫가에 누워 있고, 주위는 온통 고요하다. 당신은 편안하게 책을 읽으며 휴식을 취하고 음식을 먹는다. 그런데 갑자기 개 한 마리가 당신 주위를 돌며 음식바구니에 코를 대고 킁킁거린다. 그 개는 물속으로 뛰어들었다가 몸을 털어 당신의 담요를 적시고, 심지어 당신의 몸까지 적신다.

◇◇◇◇◇◇◇◇◇◇◇◇◇◇◇◇◇◇◇◇◇◇◇◇◇◇◇◇◇◇◇◇◇◇◇◇◇◇

원래 이 공원에는 개를 데려올 수 없게 되어 있다. 반려동물 출입금지 표지판도 있다. 개 주인은 키 190센티미터에 온몸에 요란한 문신을 한 적대적 태도의 남자다. 상종 못할 인간이라는 느낌이 든다.

이번에도 곧바로 당신의 내면에서 자동적으로 반응이 일어난다. 그 반응은 당신의 행동에 지대한 영향을 미칠 것이다. 당신이 지위 전략가라면, 당신은 네 가지 지위 유형 중 하나를 선택할 수 있다. 반면에 당신이 지위 전략가가 아니라면 선택은 단하나다. 사실 선택이라고 할 수도 없다. 당신의 지위 유형은 이미 첫 순간에, 무의식에 의해 결정되었다.

당신이 노련한 지위 전략가이건 아니건 간에 상관없이, 우리는 이 새로운 예를 통해 네 가지 지위 유형을 다시 한번 살펴볼 것이다. 그 전에 당신이 개 주인에게 '이곳은 반려동물 출입금지 구역임'을 지적한다고 전제해 보자. 이제부터 주목해야 할 점은 당신이 개 주인과 접촉하고 당신의 의사를 전달하는 방식이다.

성취형 – 내면으로 높고 외면으로 낮은 지위

"선생님네 개예요? 착한가요? 쓰다듬어 봐도 돼요? 아유, 귀여워. 너무 예뻐요. 저는 말이죠, 여기에 개를 데려오면 안 된다는 게 참 불만이에요. 이렇게 사랑스러운 애들이 무슨 피해를 준다고 출입을 금지시키는지 모르겠다니까요. 벌금이 엄청나대요. 너무하긴 하지만, 법이 그렇다는데 뭐 어떻게 하겠어요. 그래도 몇 분 있다 가는 건 아마 괜찮을 거예요. 그래야 이 녀석도 기분 좋게 산책도 하고, 수영도 하고, 기분전환도 좀 하고……."

개 주인은 무슨 말인지 충분히 알아들었을 것이다. 개인적으로 당신이 개 주인을 철저히 존중하는 태도를 취하고 있기 때문에 반론은 사실상 불가능하다. 높은 확률로 개 주인은 당신에게 설득당하여 개를 데리고 떠날 것이다.

공격형 – 내면으로 높고 외면으로 높은 지위

"저기요, 반려견 출입금지 구역입니다. 개를 데리고 들어오실 수 없어요. 이곳의 규칙이니 지켜 주세요. 설마 상당한 벌금을 자청해서 내실 생각은 아니시겠죠?"

이렇게 말하는 당신은 처음부터 누가 지시를 내리고 세상이 어떻게 돌아가야 하는지에 대해 의문의 여지를 남기지 않는다. 만일 개 주인이 반발하면, 당신은 곧바로 압력의 수위를 높일 것이다. 당신의 목표는 한 점의 의혹도 없이 명확하다. 당신은 개가 떠나고, 개 주인도 함께 떠나기를 바란다.

허세형 – 내면으로 낮고 외면으로 높은 지위

"저기요, 당신 개가 한 짓 좀 보세요! 글씨 읽을 줄 모르세요? 반려동물 출입금지 구역이에요. 저 앞에 떡하니 쓰여 있잖아요. 뻔뻔스럽기는……."

불친절하고 공격적인 말투다. 그러나 이 공격은 웬만해선 의도한 효과를 발휘하지 못한다. 개 주인은 자동적으로 당신에게 반발할 것이다. 불친절한 대접을 기꺼이 받아들이는 사람은 아무도 없다. 개 주인이 고의로 규정을 위반했다 하더라도 불친절을 달갑게 여기지는 않을 것이다.

또 개 주인 역시 지위가 내면으로 낮고 외면으로 높은 허세형일 가능성이 높다는 점을 감안해야 한다. 그의 외모를 통해 그 사실을 어느 정도 짐작할 수 있다. 만일 이 짐작이 맞는다면, 개 주인은 외면적으로 강한 남자의 역할을 하는 데 익숙한 반면, 내면적으로 명확한 목표를 품고 행동하지 않을 것이다. 따라서 두 사람은 충돌하여 격렬한 싸움을 벌일 것이다. 지적인 해결은 기대하기 어려워진다.

지위가 내면으로 낮고 외면으로 높은 허세형인 당신의 마음가짐을 이렇게 요약할 수 있을 것이다. "이 개는 떠나야 마땅해!"

순응형 – 내면으로 낮고 외면으로 낮은 지위

당신이 순응형 지위 유형이라면 개 주인에게 말을 걸기 전에 미리 혼자서 대사를 연습해 볼 것이다. 한 마디도 틀리지 않기 위해서, 또는 개 주인을 언짢게 만들지 않기 위해서 이런 식의 독백을 중얼거릴지도 모른다.

"저기요, 제가 보기에 개가 참 예쁘네요. 저도 개를 싫어하지 않아요. 뭐, 꼭 이 개 때문에 말씀드리는 건 아니지만, 사실 여기는 반려동물 출입금지 구역이거든요. 물론 제가 금지한 건 아니고요. 저 앞에 표지판이 있어요. 저쪽에……."

어쩌면 연습만 하다가 개 주인에게 실제로 말을 걸지 못할지도 모른다. 다만 개 주인이 스스로 깨닫기를 바랄 것이다.

순응형 지위 유형이 품은 내적인 마음가짐을 다음의 문장으로 요약할 수 있다. "개가 가면 좋을 텐데."

지금까지 묘사한 반응들에는 지위 유형 각각이 통상적으로 선택하는 언어가 등장한다. 언어와 말투는 사람을 설득하거나 특정한 행동으로 이끄는 데 있어 매우 중요하다.

- 내면으로 높고 외면으로 낮은 성취형 지위는 분쟁을 해결한다.
- 안팎으로 높은 공격형 지위는 분쟁을 추구한다.
- 내면으로 낮고 외면으로 높은 허세형 지위는 분쟁을 악화시킨다.
- 안팎으로 낮은 순응형 지위는 분쟁을 회피한다.

지위와 소통

당신의 지위는 당신이 일으킬 효과를 결정한다. 사람들이 당신을 어떻게 느낄지, 당신이 패자의 모습일지 승자의 모습일지, 여유로운 인상을 풍길지 혹은 긴장된 인상을 풍길지, 결정권자처럼 보일지 아니면 도움을 구하는 것처럼 보일지를 결정한다.

또한 지위는 당신이 어떤 사람인지를 결정한다. 당신이 기회를 포착하는 사람인지 혹은 도처에서 위험을 발견하는 사람인지, 다정한 사람인지 아니면 추진력이 강한 사람인지, 포근한 곰인형인지 차가운 빙산인지 결정한다.

심지어 당신이 해결에 중점을 두는지 원인에 중점을 두는지도 당신의 지위에 의해 결정된다. 지위가 어떠하냐에 따라 당신은 새 길을 모색하는 것에 관심을 기울이거나 기울이지 않는다.

새 길을 모색하는 데 관심이 없는 경우, 당신은 일이 틀어졌을 때 "어떤 해결책이 있을까?"라고 묻기보다 "누구의 잘못일까?"라고 물을 것이다. 주변 사람들은 당신이 실패를 꺼리는 사람인지 아니면 기회를 추구하는 사람인지 금세 알아챈다. 그리고 이 모든 일에서 당신의 선택을 좌우하는 가장 중요한 두 요소는 존중과 호감이다.

 존중과 호감은 지위놀이에서 서로 대립하는 주요 요소다.

대개 사람들은 둘 중 한쪽에 끌린다. 호감 얻기를 원하거나, 아니면 존중받기를 원한다.

그러면 우리는 우리의 지위에 관한 정보를 주변 사람들에게 어떻게 전달할까? 흔히 그 정보 전달은 우리가 모르는 사이에, 어쩌면 우리의 뜻과는 상관없이 일어난다.

우리는 자세, 표정, 동작, 목소리, 단어선택을 통해 지위에 관한 정보를 주고받는다. 또, 지위를 과시하는 수단들을 통해 소통이 이루어지기도 한다. 스포츠카나 레저용 자동차에서 내리는 모습과 경차에서 내리는 모습은 풍기는 인상부터가 다르다.

사실 우리의 판단에서 그런 수단들은 부차적이고 외적인 요소로만 간주된다. 그러나 가끔은 비싼 옷, 자동차, 요트, 집, 재산과 같은 외적인 요소들이 때때로 내적인 요소들과 얽히기도 한다. "옷이 사람을 만든다."는 말은 그 얽힘이 만들어 내는 '후광효과'를 이야기하는 것이다.

후광효과는 일상에서 다양하게 나타난다. 우리가 조금만 연습하면 후광과 진짜 지위를 쉽게 구별할 수 있다. 그러면 후광효과에 쉽게 휘둘리지 않고 주변 사람들의 진정한 성격에 더 잘 집중하게 된다. 중요한 것은 개인의 본성과 성격이다. 그것들은 지위를 과시하는 수단들을 통해 달라지지 않는다.

우리는 성격만 가지고도 행동, 말솜씨, 목소리, 몸짓, 표정 등 다양한 방식을 통해 우리의 지위를 알린다. 그 전달 방식은 지위에 의해 좌우된다. 지위가 높으면, 자유롭고 편하게 말할 뿐만 아니라 거리낌 없이 사람들의 말을 끊고 의문을 제기하기도 한다. 여유 있게 움직이며 손짓하고, 활발하게 표정을 바꾸며, 때가 되었다 싶거나 자신이 원할 때 대화를 끝낸다.

반면에 지위가 낮으면 대체로 경청하고, 몸짓과 표정만으로 내면의 동요를 표출하며, 상대방에게 주의를 집중한다. 그다지 동조하지 않을 때도 고개를 끄덕이고, 지위가 높은 상대방이 발언을 중단하거나 대화를 끝낼 때까지 기다린다.

소통하는 사람들 사이의 지위 차이가 너무 크면 분위기가 곤혹스러워질 수 있다. 예를 들면, 사장의 시시한 농담에 모든 직원들이 웃음을 터뜨리고, 설령 사장이 존중을 잃었다 할지라도 아무도 반발하지 않는다. 이 문제는 뒤에서 다뤄 볼 것이다.

지위놀이를 시작할 때 해야 할 핵심 질문들이 있다. 특정한 상황에서 나의 지위 전략은 무엇이며, 그 전략으로 사람들에게 어떤 효과를 발휘할 것인가? 희생자의 태도를 버리고 기회를 이용할 것인가? 분쟁을 피하고 가만히 있을 것인가? 호감을 잃을 위험을 무릅쓰고 존중을 받아 낼 것인가?

개가 나타나 휴식을 방해한 공원 호숫가의 장면으로 다시 돌아가 보자. 이번에는 개 주인을 다른 사람으로 바꿀 것이다. 새로운 개 주인은 번듯한 외모에 우아한 스타일의 남자다.

지위 유형 각각이 보이는 반응은 크게 달라지지 않을 것이다. 각 유형은 언제나 자기 방식대로 행동하고 상대방에게 별 관심을 기울이지 않는다. 유일한 예외는 내면으로 높고 외면으로 낮은 성취형 지위 유형이다.

이 상황에서 흥미로운 점은 새로운 개 주인이 이전의 개 주인과 다른 지위 유형을 가지고 있을 것이라는 사실이다. 우리가 이번에 만난 남자는 안팎으로 지위가 높은 공격형 인물일 것이다. 그는 다음과 같은 지위 전략을 채택했을 가능성이 매우 높다. "나는 개와 함께 이 호숫가를 산책한다. 이것은 좋고 옳은 행동이다. 나의 행동이 마음에 들지 않는 사람은 다른 호숫가로 가면 된다."

그러므로 이 개 주인은 싸움은커녕 논쟁도 하려 들지 않을 것이다. 오히려 도도하고 거만하게 항의를 무시할 것이다. 그를 제지할 가능성이 있는 것은 오로지 두 유형, 내면 지위가 높고 외면 지위가 낮은 성취형 유형과 안팎으로 지위가 높은 공격형 유형뿐이다. 내면 지위가 높고 외면 지위가 낮은 카리스마 있는 성취형 사람은 이번에도 상대방의 사적인 공간을 열기 위해 애쓸 것이며, 안팎으로 지위가 높은 공격형 사람은 단박에 시비를 걸 것이다.

그런데 안팎으로 지위가 높은 공격형인 두 사람이 맞서면 기묘한 장면이 연출될 수 있다. 지위 간격이 정해질 때까지 싸움을 계속하는 것이다. 두 사람 중 하나가 양보해야 하는데, 원리적으로 어느 쪽도 양보할 마음이 없다. 따라서 두 사람은 싸우고, 싸우고,

또 싸우게 된다. 그 싸움은 아마 아주 오랫동안 이어질 것이다.

◇◇◇

S#.3-1 공원, 낮

당신   여기는 반려동물 출입금지 구역이에요. 당신이 개를 내보내지 않으면, 제가 쫓아낼 겁니다. 그걸 바라시는 건 아니겠죠?

개 주인   혹시 호수 관리인이세요? 아니면 워낙 위대한 인물이셔서 세상의 온갖 문제를 해결하고 싶으신 건가? 조금만 참으시면 너무 좋을 것 같아요. 그러면 제가 아량이 넓으신 분이라고 칭찬해 드릴 텐데.

◇◇◇

누가 지위놀이에서 이겼을까?

만일 성격뿐 아니라 직위와 계급까지 지위다툼에 관여한다면 사태는 조금 다르게 진행될 것이다. 다음 상황을 보자.

◇◇◇

S#.4 기차 안

안내방송 열차 내에 의사가 계신다면, 즉시 9호차로 와 주십시오.

몇 분 내에 의사 네 명이 9호차에 모인다. 바닥에 유명 연예인이 기절한 채 쓰러져 있다. 한 의사가 나이 든 남자의사를 보고 당연하다는 듯 물러나 그가 환자에게 접근할 수 있게 해 준다. 그가 과장급 의사임을 알아봤기 때문이다. 과장급 의사는 혼자서도 충분하다며 나머지 의사 세

명을 돌려보낸다. 그때 한 남자가 객실 문을 열고 들어온다.

남자   우선 환자를 안전한 침상으로 옮기십시오.

과장급 의사가 남자에게 짜증스런 눈빛을 보내며 환자를 가로막는다.

과장급 의사   의사이신가요? 저는 의학박사 X 교수입니다.
남자   (가볍게 고개 숙이며) 반갑습니다. 의학박사 Y
                     교수입니다.

◇◇◇

두 사람은 개인적인 친분도 없고 서로에 대해서 들어 본 적도 없다. 그러므로 누가 더 유명하고 경력이 많은지, 누가 학술 논문을 더 많이 발표했는지, 상대방이 무엇을 전공했는지 모른다. 이제 두 사람은 환자를 위한 최선의 처방에 관해서 대화하기 시작한다. 의사가 아닌 사람은 아예 알아들을 수 없는 전문용어들이 난무한다.

두 사람의 목표는 둘 중 누가 높은 지위를 차지할 자격이 있는지를 확실히 결정하는 것이다. 그 결정이 내려져야만 환자를 돌보기 시작할 수 있다. 그런데 두 사람의 수준은 어느 모로 보나 비등하기 때문에, 지위를 명확히 하는 데는 매우 긴 시간이 걸린다.

그러는 사이에 '환자는 사망한다.' 혹은 '환자가 저절로 깨어나 기력을 되찾는다.'로 해피엔딩을 설정해도 된다. 어쨌든 두 교수가 지위의 높고 낮음을 결정짓지 않은 한 진료는 시작되지 않는다.

지위 현상은
필연이다

과장급 의사들이 등장하는 열차 안 상황은 약간 우스운 구석이 있다. 더구나 외부인의 입장에서 보면 더욱 비웃음거리가 될 만하다. 그러나 직접 참여하는 사람들의 입장에서 그 상황은 우습기는커녕 진정한 의미의 드라마다. 지위다툼의 참여자들은 상황을 정말로 진지하게 받아들일 수밖에 없다. 이 불가피성은 우리의 기본적인 감성 구조가 발생할 때 생겨났다. 문명과 문화가 만든 규칙과 규범, 가치보다 훨씬 더 오래된 우리의 삶 속에 숨어 있는 것이다.

인간은 사회를 이루어 사는 존재다. 과제 해결, 위험 예방, 정보 습득을 더 잘 하기 위해 인간은 집단을 이룬다. 집단생활을 하는 동물들은 사회 질서를 확립한다. 집단의 구성원 각각에게는 정해진 위치가 있으며 모두가 각자의 특정한 과제와 특권을 부여받는다.

예를 들어 늑대 집단에서는 '알파 늑대'라고 불리는 가장 강한 개체가 우두머리를 맡는다. 알파 늑대에게만 번식할 권리가 있으며, 알파 자리를 차지한 늑대는 이 특권을 조금의 양보도 없이 철저하게 지킨다. 알파 지위는 더 강한 늑대가 놈을 몰아내고 그 지위를 차지할 때까지 유지된다. 이처럼 늑대의 계급, 곧 지위는 획득되는 것이지, 주어지는 것이 아니다. 각자가 자신의 지위를 획득해야 하며, 획득한 다음에는 끊임없이 지키고 다져야 한다. 늑대 집단의 모든 구성원들은 누가 알파 수컷이고 누가 알파 암컷인지 안다.

지위는 다양한 신호와 기호를 통해 다져진다. 늑대 집단의 구성원 각각은 다른 개체들에게 특수한 신호를 보내 자신의 지위를 알린다. 이 행동은 먹이를 분배할 때 매우 중요하다. 지위가 높은 개체일수록 더 먼저 먹이를 차지한다.

그러나 인간은 늑대가 아니다. 이런 식의 다원주의적인 시각은 우리가 일상적으로 지위를 놓고 벌이는 놀이에 별 도움이 되지 않는다. 오로지 다원주의가 인간 사회를 지배한다면, 언제나 가장 힘이 센 사람이 가장 높은 지위를 차지할 것이다.

하지만 누구나 알듯 현실은 그렇지 않다. 위대한 인물을 몇 명만 살펴봐도 인간의 지위는 다른 식으로 할당된다는 사실을 알 수 있다. 인기와 성공을 거머쥔 많은 영화배우들은 몸집이 작고, 세계에서 가장 똑똑한 사람으로 인정받는 과학자 스티븐 호킹은 몸을 움직이지 못하는 장애인이다. 인간은 늑대보다 훨씬 더 복잡하고 다면적인 방식으로 지위 서열을 확정하는데, 주로 신체언어, 목소리, 표현방식을 통해 지위에 관해 소통한다. 이때 상냥한 미소에서부터 단호한 눈빛, 쩌렁쩌렁 울리는 목소리까지 엄청나게 다양한 신호들이 사용된다.

또 인간의 지위는 고정적이지 않다. 개인이 어느 집단에 속해 있느냐에 따라 각 집단에서의 지위가 달라질 수 있다. 예를 들어 어느 집안의 막내는 형제들 간의 위계에서 지위가 가장 낮지만 축구팀에서는 지위가 높은 주장을 맡는다.

개인의 내면적, 혹은 외면적 태도에 따라서도 지위가 바뀔 수 있다. 앞선 카페 장면의 여자는 평소에 선호하는 지위행동을 제쳐 놓고 테이블을 되찾기로 단호하게 결심했다. 그녀는 창조적으로, 또는 다혈질적으로, 또는 까다롭게 태도를 바꿔감으로써 자신의 지위를 바꿨다.

우리의 일상에서 지위의 유동성은 지위 현상을 더 정확하게 분석할 기회를 제공한다. 하루의 대부분 동안 우리는 지위 변화를 추구한다. 그 변화는 지위 상승이 아닐 수도 있다. 사실 모든 지위는 근본적으로 가치가 동등하다. 모든 지위 각각에는 특정한 과제와 특권이 동반하기 때문이다. 그럼에도 우리는 웬만해서는 현재의 지위에 만족하지 않는다. 현재의 지위는 너무 가뿐하거나, 너무 부담스럽거나, 너무 지루하다. 우리는 부당한 대접을 받는다고 느끼거나, 더 많은 관심을 받고 싶거나, 더 평온하게 지내기를 원한다. 현재의 지위에서 우리의 삶은 너무 바쁘거나 한가롭다.

부모와 자녀가 벌이는 싸움은 수시로 일어나는 흥미로운 지위놀이다. 여기 세 살배기 아들을 둔 텔레마케터가 있다. 그런데 그녀가 일을 마치고 돌아오니 아이가 저녁식사를 앞두고 초콜릿을 먹겠다고 떼를 쓴다. 평소 직장에서 고마움이나 인정을 표현하는 말과 몸짓을 거의 경험하지 못한 엄마는 칭얼거리는 아들을 마주하고 어떻게 행동할까? 직장상사나 고객들을 상대로는 할 수 없었던 것을 아이에게는 할 수 있을까? 지위를 획득하고 자신의 뜻을 관철하는 데 성공할까?

그렇다. 사례의 엄마뿐 아니라 많은 부모가 매일 이를 성공하고 있다. 아이와의 지위다툼에서 부모들은 상사에게 꾸지람을 들을 때 하지 못하는 일을 해낸다. 그것은 자신의 입장과 과제를 명확하게 정하는 일이다. 상사를 상대로 할 때와 자녀를 상대로 할 때 부모가 채택하는 태도의 차이는 지위놀이의 핵심을 보여준다.

 우리는 항상 우리가 감당할 수 있다고 믿는 지위를 채택한다.

언제나 중요한 것은 동기다. 동기가 명확하고 적절하면, 목표 달성에 필요한 지위를 채택하는 것이 어렵지 않게 느껴진다. 반면에 감정과 이성, 용기와 두려움이 내면에서 싸운다면 그렇게 하기가 어려워진다. 이럴 경우에 우리는 흔히 장기적인 목표나 현재의 과제 수행에 방해가 되는 지위를 채택한다.

 지위놀이에서 중요한 것은 옳고 그름이 아니라 원인과 결과다.

고유한 지위,
숨은 동기를 찾아라

집단의 역동과 더불어 지위행동에 지대한 영향을 끼치는 두 번째 요소는 개인의 고유한 성격이다. 다음 질문들에 대한 대답으로 그 토대를 알아낼 수 있다. 나는 동료와의 거리가 가까운 것과 먼 것 중에서 어느 쪽을 더 두려워하는가? 질문을 긍정적인 형태로 바꿀 수도 있다. 나는 사람들의 존중과 호감 중에서 어느 쪽을 더 원하는가?

우리가 내리는 모든 결정의 출발점은 개인의 고유한 성격이다. 스트레스를 받는 상황에서 높은 지위를 채택하는 사람은 열 명 중 한 명에 불과하며, 그들은 매우 확실한 이유 때문에 그렇게 한다. 거리 두기에 대한 욕구가 강하기 때문이다. 다시 말해 그들은 타인과 가까워지는 것을 두려워한다. 일상에서 안팎으로 높은 지위를 추구하는 공격형의 사람들은 거리 두기에 대한 욕구가 강해서 다르게 행동할 줄을 모른다. 그런 사람들은 주도적이고 지배적인 태도로 처음부터 상당한 존중을 받아 낸다. 그래야만 동료들로부터 거리를 두고 그들에게 자신의 뜻을 강요할 수 있다.

직원들에게 만족할 줄 모르며 그들을 자주 기다리게 만드는 사장, 어린 자녀들을 기숙학교로 보내 일찌감치 고된 삶을 배우게 하는 부모, 배우자에게 값비싼 선물을 주고 그 대가로 자신의 불륜이 합리화되기를 기대하는 사람들이 그 예다.

이런 사람들과 겨루어 진정한 의미에서 승리하는 방법은 카리스마 있는 사람, 즉 내면 지위가 높고 외면 지위가 낮은 성취형의 역할을 완벽하게 익히는 것뿐이다.

insert 지위놀이에서 결정적으로 중요한 요소는 자기 자신의 고유한 성격이다. 나는 타인과 가까워지기를 원하는가? 아니면 멀어지기를 원하는가? 나는 타인과의 거리를 한쪽 극단에서 다른 쪽 극단까지 변화시킬 능력이 있을까?

이런 상황을 생각해 보자. 어느 날 아들이 당신에게 친구가 내년에 외국의 기숙학교로 전학을 간다고 이야기한다. 당신은 이제 막 사춘기를 맞은 아이에게 좋은 선택이 아니라고 생각한다. '아이들은 너무 어리고 아직 고된 삶에 뛰어들 때가 아니다. 아이의 친구는 지금 가족과 함께 지내는 것이 적당하다. 게다가 그 아이도 기숙학교로 가기를 원치 않는다.'

그러나 그 아이 엄마의 생각은 다르다. 그녀는 자기 아들이 일찌감치 자립해서 삶의 어두운 면과 밝은 면을 함께 배워야 한다고 생각한다. '집에서는 아빠가 아들을 너무 제멋대로 굴게 놔둔다. 훗날 혼자서 세상을 헤쳐 나가야 할 아이의 성장에 나쁜 영향을 끼칠 것이다.'

친구의 엄마는 아들이 이미 현재 많은 친구들과 교류하고 학급에 매우 훌륭하게 동화되었으며 동아리 활동에 성실하고 축구팀에서 사랑을 받는다는 사실에 그다지 무게를 두지 않는다. '아들은 자신의 가치를 증명하고 뜻을 관철하는 법을 배워야 한다. 그러려면 집에 있는 것보다 기숙학교에 들어가는 것이 훨씬 낫다. 기숙학교에서는 억지로라도 규칙에 따르고 인생을 배울 수밖에 없으니까.'

이 엄마는 왜 그렇게 행동할까? 무슨 생각을 가지고 있을까? 다시 한번 강조하지만, 우리가 결정을 내릴 때 출발점이 되는 것은 개인의 고유한 성격이다. 스트레스를 받는 상황에서 높은 지위를 채택하는 사람은 열 명 중 한 명에 불과하다. 그런 사람들을 이끄는 것은 거리 두기에 대한 욕망 혹은 가까워지는 것에 대한 두려움이다. 반면에 90퍼센트의 사람들은 기꺼이 낮은 지위를 채택하려고 한다. 이들에게는 존중받는 것보다 호감을 얻는 것이 더 중요하다.

친구 엄마는 높은 지위를 채택하는 10퍼센트의 사람들에 속한다. 그녀는 이렇게 말할 것이다. "이것이 내 아이에게 최선이다. 아이는 일찌감치 직업생활을 준비해야 한다." 더 나아가 그녀는 기숙학교 친구는 평생 간다는 것 등을 경험으로 안다.

그런데 그녀의 개인적인 속마음에 중점을 두고 살펴보면, 그녀는 자식과의 밀접한 관계를 강화하려 하기보다 오히려 두려워하는 것처럼 보인다. 자식에게 정이 없어서 그렇다고 느껴질지도 모르지만, 아마 그렇지는 않을 것이다. 사람들은 종종 실망에 대한 두려움 때문에 거리 두기 혹은 존중을 선택한다. 우리가 삶에서 경험할 수 있는 가장 큰 실망은 버림받는 것이다. 버림받는 것에 대한 두려움이 매우 큰 사람들은 무의식적으로 예방 전략을 채택하여 밀접한 관계를 회피한다. 심지어 이 경우에서처럼 가장 중요한 공동체인 가족의 구성원들과 맺는 밀접한 관계조차도 회피할 수 있다.

외부에서 상황을 관찰할 때는 이런 숨은 동기를 발견하기가 어렵다. 게다가 우리가 숨은 동기를 찾으려고 하는 경우도 매우 드물다. 우리는 보통 분석이 필요한 심리적 측면보다 소통에 필요한 감정적 측면을 판단 기준으로 삼으며 언제나 감정에 훨씬 더 많은 주의를 기울인다.

친구 엄마의 경우를 보면, 성취의지가 강하고 완고하다는 것은 느껴지지만 그녀가 내면적으로 정말 자식을 위한다는 생각을 하기는 어렵다. 그러나 그녀는 진심으로 자식을 위한다. 다만, 자신이 가진 고유한 성격을 발판 삼아 결정을 내린 것이다. 이런 그녀의 성격을 이해하지 못한다면, 우리는 거기서 비롯된 그녀의 행동패턴도 이해하지 못한다.

지위가 낮은 사람들의 심리도 원리적으로 위의 경우와 다르지 않다. 이들도 논리적으로 타당하고 명쾌한 논증을 제시하여 얼마든지 자신의 행동을 정당화하고 자신이 옳음을 확신할 수 있다. 그러나 이들의 내면적인 동기를 더 자세히 살펴보면 다른 모습이 드러날 가능성이 매우 높다. 지위가 낮은 사람들은 "아니요."라고 말하며 자기 입장을 옹호하거나 분쟁에 가담하기를 원하지 않는다. 그렇게 하면 사람들과의 거리가 멀어지는데, 그것은 그들이 되도록 피하고 싶어 하는 일이다.

심리적인 토대는 이처럼 복잡하다 할지라도, 지위가 낮은 사람들이 내면적인 지위를 강화하고 명확한 입장을 취하는 것도 얼마든지 가능하다. 또한 지위가 높은 사람도 언제든지 자신의 허울을 벗고 진실을 발견하기로 결정할 수 있다. 의식적인 지위놀이를 통해 자신의 지위를 자유자재로 다루는 솜씨를 터득하는 것이다.

지위가 높은 사람은 외로움 때문에 불행해지기도 한다. 그런 사람들은 지위놀이를 통해 익숙하지 않은 행동패턴들을 시도해보며 치유의 장을 만들어 갈 수도 있다. 낮은 지위를 벗어나려면 성취력을 키워야 하는 반면, 높은 지위를 벗어나려면 가끔 자신의 뜻을 관철하는 대신 타인들을 신뢰하고 따라야 한다.

예고 없이 일어나는
여러 가지 지위 상황

지위가 결정적인 역할을 하는 상황, 즉 '지위 상황'을 알아채고 판단하는 것은 하나의 기술이다. 우리는 연습을 통해 그 기술을 터득하고 발전시킬 수 있다. 지위 상황을 알아채는 감각을 섬세하게 다듬고, 날카로운 시선을 기르는 것이다. 그러기 위해서는 일상에서 마주치는 관계에서 관찰자의 입장을 취하는 것이 좋다. 관찰자는 상황에 휘말리지 않고 일정한 거리를 둘 수 있기 때문에 곧장 상황에 뛰어들어 자동적으로 자신의 지위를 결정하는 일을 어느 정도 방지할 수 있다. 그러면 지위놀이를 관찰하고 연습할 수 있는 여러 가지 상황을 살펴보자.

사람들이 마주치는 순간에 서로에게 반응하는 방식은 매우 중요하다. 두 사람은 서로에게서 눈길을 돌릴까? 아니면 한 사람만 바라보고 다른 사람은 눈길을 돌릴까? 인사하려 했는데 상대방이 눈길을 돌려 버려 인사를 못하게 된 사람은 어떤 표정을 지을까? 그 사람의 느낌은 어떻고 지위는 어떨까? 인사하려고 한 사람은 지위가 낮고, 상대방은 그 사람을 무시했으니 지위가 높을까?

마지막 질문에 대한 대답은 '그렇다'이다. 높은 지위는 거리 두기의 원인이자 결과다.

인사 놀이는 때때로 일종의 겨루기가 된다. 그럴 때 두 사람은 결투에 나서기라도 한 것처럼 상대방보다 나중에 인사하려고 경쟁한다. 먼저 인사하는 사람이 진다.

악수를 할 때 이 놀이가 벌어지면 정말 곤혹스러워진다. 한 사람은 악수하려고 손을 내밀고, 상대방은 그 손을 잡지 않는다. 한 사람은 빈손을 허공에 내민 채 서 있고, 상대방은 그러도록 내버려 둔다. 당신이 직접 이 놀이를 해 보면, 두 입장 각각에서 얼마나 큰 무력감을 느끼고 얼마나 큰 우월감을 느끼는지 체험할 수 있을 것이다.

악수를 하는 동안에도 두 사람 간의 지위가 분명해진다. 한 사람이 순식간에 상대방의 손을 꽉 움켜쥐고 조이는 경우가 있다. 지위가 높은 남자들이 자주 그렇게 악수를 한다. 그런 상황에 처하면 사람들은 흔히 무력감을 느끼고 때로는 굴욕감까지 느낀다. 생각해 볼 수 있는 한 가지 대응책은 다른 손으로 상대방의 위 팔뚝을 잡고 약간 누르면서 이렇게 말하는 것이다. "그 래서, 요새는 어떻게 지내세요?" 그러면 상대방이 억지로 얻어 낸 높은 지위가 곧바로 사라질 것이다. 이렇게 말할 수도 있다. "당신과 악수하면 아프다는 거 혹시 아세요?" 이 말 역시 상대 방의 지위를 낮추는 효과를 발휘한다.

다양한 인사 놀이를 관찰하려면 다른 사람들의 지위 유형을 재빨리 알아챌 수 있어야 한다. 조금만 연습하면 당신은 인사를 하거나 인사를 받을 때 상대방이 호감을 원하는지 아니면 존중 을 원하는지 잘 알게 될 것이다.

그렇다면 예절은 어떤 역할을 할까? 특히, 남녀 관계에서는 어떨까? 예절과 관습이 지위다툼에 영향을 줄 수 있을까?

실제로 예절과 관습의 중요한 역할 중 하나는 지위 차이를 무력화시키거나 무의미하게 만드는 것이다. 예절 덕분에 여자는 자기보다 지위가 훨씬 높은 남자가 먼저 인사하도록 만들고 답 례로 고개를 약간만 숙이거나 의아하다는 듯이 모호한 시선을 던지는 등의 행동을 할 수 있다. 모호한 태도를 취하면 거리가 생기고 따라서 존중심이 생긴다.

이때 문제는 남자가 침착하게 자신의 지위를 포기하고 공손 하게 대응할 것인가에 있다. 그렇게 대응하는 남자는 교육을 잘 받아 예의 바르고 매너 있다는 평가를 받는다.

하지만 그런 예절과 관습은 서양문화의 산물이다. 지구에 사 는 수십억 명의 사람들은 근본적으로 여자에게 남자보다 낮은 지위를 부여하는 예절과 관습을 따른다. 그런 문화권의 남자들 은 다양한 몸짓으로 끊임없이 남녀 간의 지위 차이를 다지고 또

다진다.

서양인의 입장에서 보면 그런 몸짓들은 아무리 좋게 봐줘도 시대에 뒤처진다고 느껴진다. 그러나 몇몇 문화권에서는 우월한 지위를 다지는 남성들의 행동이 사회조직 전체의 존립을 담보한다. 지위 체계가 흔들리면 조직 전체에 심각하다 못해 무시무시한 사회적 전복이 일어날 수 있다고 여겨지기 때문이다. 이렇듯 지위에 담긴 의미는 인사하기와 같은 매우 일상적인 관례에서도 분명하게 읽어 낼 수 있다.

물러나기 놀이

두 사람이 하나의 문에 다가가 거의 동시에 도착한다. 누가 물러나고 누가 먼저 문을 통과할까? 결정은 두 사람이 마주치기 직전의 몇 초와 마주치는 순간에 신속하게 내려진다. 두 사람은 상대방과 나의 목표가 같다는 것을 짐작하자마자 신호를 주고받기 시작한다.

저 사람은 누구일까? 나보다 지위가 높을까? 어떤 옷을 입었나? 동작은 어떤가? 목표를 확실히 추구하고 있는가, 아니면 머뭇거리는가? 걸음이 빠른가, 아니면 느린가? 나보다 먼저 문에 도착할까? 나는 걸음을 재촉해야 할까? 물러나야 할까? 걸음을 늦출까? 저 사람은 내가 아는 사람일까, 모르는 사람일까? 다정한 사람일까, 퉁명스러운 사람일까? 나는 저 사람과 대화하고 싶나, 아니면 대화를 피하고 싶나?

두 사람이 마주치는 순간의 행동은 이 모든 사안들을 포함한 다양한 요소들에 의해 결정된다. 그 순간부터 그들이 선호하는 지위가 주도권을 쥐고 이후의 행동을 결정한다. 말하자면 지위행동 자동조종 장치가 가동되는 것이다.

또 다른 상황을 살펴보자. 두 사람이 슈퍼마켓에서 쇼핑카트를 밀고 가다가, 혹은 열차의 좁은 통로에서 여행 가방을 끌고 가다가 뜻하지 않게 출구 앞에서 마주쳤다. 누가 물러날까? 방금 열거한 요소들 외에 마지막 순간의 행동도 결정적인 역할을 한다. 먼저 상대를 바라보는 사람이 낮은 지위에 처한다. 먼저 움직이는 사람도 마찬가지다.

비행기에서 승객들이 내리는 모습을 관찰해 보면 그 신호를 발견할 수 있다. 먼저 내리려는 사람은 조금이라도 빈틈이 생길 때를 노리다가 아무도 바라보지 않고 유난히 재빠르게 움직인다. 그가 빈틈으로 끼어들면 이미 통로에 서 있던 사람들이 틈을 넓혀 준다. 반면에 그가 다른 사람들과 눈을 맞추며 끼어들 틈을 찾는다면 사람들은 틈을 벌려 주지 않을 것이다. 지위가 높은 사람들은 다른 사람과의 시선 교환을 피할 줄 안다. 그들은 아무도 바라보지 않으며 자발적으로 물러나지 않는다. 친절한 미소를 짓는 일도 결코 없다.

단, 물러나기 상황에는 세 가지 중요한 예외가 있다.

① 일부 사람들은 그저 생각에 잠겨 있거나, 주위에 무관심하거나, 산만하거나, 속물이기 때문에 상대를 바라보지 않는다.

② 매력적인 사람들은 물러나기 놀이에서 특권을 누린다. 사람들은 매력적인 상대를 위해 기꺼이 물러나고 문을 열어 주며 종종 가볍게 고개를 숙이거나 인사말을 속삭인다. 그러

나 우리가 일반적으로 마주치는 사람들의 신체적, 정신적 매력은 우리로 하여금 자동적으로 낮은 지위를 채택하게 할 만큼 대단하지 않기 때문에 우리는 그날의 기분이나 우연적인 상황, 우리의 능력, 또한 무엇보다 우리가 선호하는 지위를 토대로 삼아서 지위놀이를 한다. 대개 우리는 우리가 선호하는 지위에 얽매인다. 선호하는 지위에서 벗어나려면 상당한 노력이 필요하다.

③ 자동차를 운전하는 상황에서는 물러나기 놀이의 규칙들이 통하지 않을 뿐 아니라, 이 책에서 다루는 지위놀이의 대부분이 작동하지 않는다. 그 상황에서는 성격 이외의 다른 요소들에 의해 지위가 결정된다. 이 책은 자동차 운전이라는 예외적인 상황에 대해서는 이렇게만 언급하고 넘어갈 것이다. 더 자세히 논의하려면 새로 책을 써야 한다.

버스 운전사 놀이

어떤 사람이 버스가 방금 멈춰 선 정류장을 향해 달려오고 있다. 마지막 승객이 버스에 오른다. 우리가 관찰하는 사람은 아직 정류장에서 50미터 떨어져 있다. 거리가 40미터, 30미터로 점점 줄어든다. 그는 버스 운전사가 기다리기를 바라며 손을 흔든다. 이제 거리는 20미터, 10미터, 3미터가 된다. 문이 닫히고 버스가 출발한다. 달려온 사람은 천천히 출발 중인 버스의 문을 두드린다. 그러나 운전사는 그를 바라보지 않고 떠난다. 그는 텅 빈 정류장에 남는다. 기분이 좋지 않다.

반면 운전사는 기분이 나쁘지 않다. 그 사람이 제때 왔어야 옳다. 그랬으면 당연히 버스에 태웠을 것이다. 그렇게 하는 것이 버스 운전사의 의무다.

그러나 이번 상황은 달랐다. 운전사가 선택할 여지가 있었다. 운전사는 그를 태울 수도 있었지만 반드시 태워야만 했던 것은 아니다. 운전사는 버스를 운전하는 책임자이기 때문에 그 사람보다 지위가 높다. 부지런히 달려온 사람은 운전사에게 종속될 수밖에 없었다. 결론적으로, 그 사람이 운이 나빴다.

일부 사람들은 다른 사람의 지위가 낮을 때 우쭐해서 자신의 지위를 높이곤 한다. 이 예가 잘 보여 주듯이, 그런 행동은 호감을 잃어버리게 만든다. 누구나 한 번쯤은 그런 경험들이 있을 것이다. 이 예시를 보고 버스 운전사의 직무를 탓할 사람은 없다. 그러나 몇몇 사람들은 운전사의 순간적인 승리감에 너무 큰 대가가 따른 게 아닐까 하고 생각하게 된다.

식당 종업원 놀이

당신이 식당이나 카페에 앉아서 손짓으로 종업원을 부르려고 애쓴다. 그런데 종업원은 당신을 바라보지 않는다. 당신은 재차 시도하면서 기회를 놓치지 않기 위해 줄곧 종업원을 바라볼 수밖에 없다. 종업원은 당신을 바라볼까, 보지 않을까? 바라보지 않는다면, 너무 바쁘거나 정성들여 다른 손님을 상대하고 있기 때문일 것이다. 하지만 종업원은 종업원이다. 그는 1, 2분 간격으로 모든 손님들을 살펴봐야 한다. 종업원은 그 일을 하기 위해 있는 사람이다. 그런데도 당신을 바라보지 않는다면, 당신을 '고의로' 무시하는 것일 수 있다. 당신은 종업원이 거만하게 행동한다고 판단한다.

어떤 사람이 거만하다는 것은 그가 외면으로 지위가 높은 듯 행동하지만 다른 사람은 그의 지위를 낮게 느낀다는 뜻이다. 이 예시에서 당신이 종업원을 거만하다고 판단하는 까닭은 우선 그가 손님을 응대해야 하는 종업원으로서 그곳에 있기 때문이다. 또 다른 까닭은 당신이 소홀한 대접을 받았기 때문이다. 그럴 땐 씁쓸한 기분이 꽤 오랫동안 가시지 않는다. 그곳에서 종업원은 지위 서열에서 가장 아래에 있으며 자신의 지위를 높일 가능성이 없다. 때문에 자신이 종업원보다 낮은 지위에 있다고 느끼는 손님은 상당히 기분이 나쁠 것이다.

대접받지 못한 손님은 어떤 행동을 할까? 지위가 낮은 사람은 종업원이 자신을 바라볼 때까지 기다린다. 지위가 높은 사람은 종업원이 자신을 바라보게 만든다. 다시 말해 종업원이 반응할 수밖에 없도록 온갖 신호를 보낸다. 그 신호들은 무의식적으로, 확실하게 효과를 발휘한다.

만일 당신이 지위가 낮은 사람으로 보인다면, 종업원은 당신을 대접하지 않는 놀이를 감행할 것이다. 종업원은 왜 당신을 지위가 낮은 사람으로 봤을까? 당신이 어떤 신호들을 보냈기에 자신이 이 놀이를 감당할 수 있다고 판단했을까?

먼저 당신이 있는 식당이나 카페가 어떤 곳인지 살펴보자. 당신은 다른 손님들과 비슷한가, 아니면 혼자 두드러지는가? 당신은 다른 손님들에 비해 고상한가, 아니면 다른 손님들이 더 고상한가? 혹시 당신의 분위기와 어울리지 않는 포장마차나 고급 술집에 앉아 있지는 않은가? 이런 요소들은 지위놀이를 알아채기 위해서 참조할 만한 사항들이다. 종업원은 당신이 그곳의 손님답지 않아서 무시하는 것일 수도 있다. 당신의 옷차림과 외모, 행동이 다른 손님들과 어울리지 않는다면, 당신은 자동적으로 낮은 지위에 처한다. 설령 당신이 높은 지위를 알리는 신호를 요란하게 보낸다 하더라도, 당신은 대접받지 못할 것이다.

그러나 무의식적으로 지위놀이가 진행되고 있는 상황이었다면 종업원이 나쁜 의도를 가지고 행동했을 가능성은 거의 없다. 사실 대부분의 지위놀이가 무의식적으로, 의도적인 계획 없이 일어나기는 한다.

바에서도 이와 유사한 상황이 일어난다. 당신이 무언가를 주문하고 싶은데, 바텐더가 당신을 보지 못한다. 당신은 어떻게 할까? 기다릴까, 아니면 바텐더가 당신을 보도록 만들까? 당신처럼 뭔가를 주문하려는 다른 손님과 대화하다가 그 사람이 주문을 할 때 함께 주문할까? 바텐더에게 항의할까? 당신보다 늦게와 놓고 먼저 주문을 하는 사람에게 싸움을 걸까?

빤히 기다리는데도 대접을 받지 못할 경우, 당신은 기분이 좋지 않다. 마치 다른 사람들이 당신을 골려 주기로 공모한 것처럼 느껴진다. 당신은 낮은 지위로 떨어진 것이다. 이처럼 사람들이 낮은 지위로 떨어지는 과정과 그 과정에서 느끼는 무력감을 관찰하는 일은 흥미롭다.

명품 매장 놀이

지위 과시용품이 지배하는 곳들은 흥미로운 실험을 해 보기에 딱 좋은 장소다. 디자이너의 이름을 앞세우고 백만장자들에게 터무니없이 비싼 옷을 파는 브랜드숍이나 고급자동차 전시판매장, 혹은 상류층을 상대로 하는 주얼리숍에 우리가 방문한다면 아마 입구에서부터 제지를 당할 것이다. 세계적으로 유명한 몇몇 주얼리숍은 아예 입구에 지위 장벽을 설치해 놓았다. 호텔 수위처럼 차려입은 경호원 겸 안내원이 그곳에 서서 접근하는 사람들을 살펴보며 환영할 만한 손님인지 아닌지를 판별한다.

고급자동차 전시판매장과 디자이너 브랜드숍은 그렇게까지 엄격하지 않다. 일단 들어가는 데는 문제가 없다. 그러나 당신이 매장에 들어서는 순간 판매원들은 지위놀이를 시작한다. 그들은 손님에게 별 관심 없이 여기저기 흩어져 있는 것처럼 보이지만 꼼꼼한 눈길로 방금 들어온 손님이 어떤 사람인지 검사한다. 그 결과로 당신을 무시할 수도 있고, 곧바로 당신의 편의를 위해 애쓸 수도 있다.

명품 매장에 갈 때 시험 삼아 평범한 옷차림으로도 가 보고 유행에 맞는 비싼 옷차림으로도 가 보면, 지위 과시용품의 효과를 단번에 느낄 수 있다. 당신이 보내는 신호들이 높은 지위를 명확히 알릴수록 당신은 환영받는다. 반대의 경우라면 당신은 확실히 무시당한다. 그러면 기분은 나쁘겠지만, 그 경험에서 많은 교훈을 얻을 수 있으므로 지위놀이 공부에는 유익하다.

• 몇 가지 경우

당신은 명품에 조예가 깊고 원하는 바가 뚜렷한(내면 지위가 높은) 사람이지만 옷차림이 변변치 않다(외면 지위가 낮다). 만일 당신이 높은 내면 지위를 유지하는 데 성공한다면, 처음에 당신을 얕잡아 보고 무시한 직원들의 태도를 바꾸는 데도 성공할 것이다. 직원들은 당신을 진지하게 대하게 되고, 결국 당신은 높은 지위를 차지한다.

당신이 어떤 지위 신호를 보내느냐에 따라 상황이 정반대로 흘러갈 수도 있다. 예를 들어 당신의 옷차림이 완벽하면(외면 지위가 높으면) 당신은 곧바로 극진한 대접을 받을 것이다. 그런데 대화가 진행되면서 당신이 무능하고 의사가 불분명하며 심지어 품위 없고 신경질적이라는 것(내면 지위가 낮다는 것)이 드러난다면, 당신의 지위는 낮아진다. 직원들이 당신을 내쫓거나 하지는 않겠지만, 내보내고 싶어 할 것은 확실하다.

내쫓기거나 확실하게 퇴장을 요청받는 경우는 오로지 당신이 외면 지위도 낮고(옷차림이 변변치 않고) 내면 지위도 낮을 때(의사가 불분명하고 무능할 때)뿐이다.

물론 다른 유형의 명품 매장도 있다. 긍정적인 사업철학을 배운 직원들은 철저하게 직업적인 친절을 베풀기 마련이다. 그곳의 직원들은 자신이 왜 그곳에 있는지, 자신의 과제가 무엇인지 명확하게 안다.

 능숙한 지위 전략가는 흐트러짐 없이 목표를 추구한다. 그들은 신속한 승리를 바라지 않고, 겉보기에 패배처럼 보이는 단계들을 정교하게 엮어서 승리를 거머쥔다.

공무원 놀이

우리가 지위와 지위의 힘을 놀이처럼 다루려고 할 때, 직업상 높은 지위를 지닌 사람들은 특별한 걸림돌이다. 개인적 지위와 직업상의 지위가 불일치해서 높은 직업적 지위를 침착하게 행사할 줄 모르는 경우가 많기 때문이다. 그런 사람들과 하는 지위싸움의 결과는 너무나 자명하다.

거만하고 무심하게 행동하는 공무원을 만나면 누구나 짜증이 나고 화가 난다. 공무원들의 거만함과 무관심은 우리에게 무력감과 절망감을 안겨 주고 일을 복잡하게 만든다. 공무원들은 결정하고 책임을 지는 대신 규정과 지침 뒤로 숨는다. 이런 행동의 배후에서 작동하는 메커니즘은 무엇일까?

공무를 맡은 사람은 지위가 높다. 그들은 사람들을 기다리게 만들고, 양식을 빈틈없이 완벽하게 작성하라고 요구한다. 실수가 있으면 사람들에게 핀잔을 주고, 지금 해야 할 일을 나중에 처리할 권리도 있다. 그리고 실제로 그렇게 한다. 그들은 절대적으로 유리한 입장에 있다.

당신이 작성한 양식이 불완전하다고 해 보자. 그러면 당신은 다음 주에 다시 와야 한다. 그런데 다시 오니 그 공무원은 6주짜리 병가를 내고 자리에 없다. 비상상황에는 다른 공무원이 업무를 대신 하지만, 지금은 비상상황이 아니라고 한다. 당신은 어쩔 수 없이 돌아가서 6주를 기다렸다가 다시 온다. 그런데 이번에는 해당 업무를 처리하는 기간이 끝났다고 한다.

관청에 간 시민만큼 무력한 존재는 없을 것이다. 당신은 다른 건물에 있는 다른 창구로 가야 한다. 그 창구 담당자의 이름과 전화번호를 물으니 모른다고 한다. 그 창구가 언제까지 열려 있는지도 알 수 없다고 한다. 당신은 상급자를 불러 달라고 할

수밖에 없다. 그러나 상급자는 화요일과 목요일 8시부터 12시까지만 만날 수 있다.[*]

그런데 이런 상황에서 우리의 지위를 떨어뜨리는 것은 거만한 공무원보다는 오히려 우리 자신의 절망과 짜증, 분노다. 상대는 우리가 인정하지 않더라도 어차피 우리보다 지위가 높은 공무원이기 때문에 우리는 어쩔 도리가 없다고 자포자기한다.

이 놀이의 양상을 변화시키는 비결은 공무원도 평범한 개인적 지위를 지닌 보통 사람이라는 사실을 명확히 깨닫는 것이다. 개인적인 차원에서 공무원에게 접근하는 데 성공한다면, 공무원은 더 인간적이고 친절하게 행동할 가능성이 매우 높다. 물론 개인적인 차원의 접근이 언제나 성공적이지는 않을 것이다. 그러나 그 방법이 공무원을 다루는 유일한 길이다.

insert 공무원을 상대로 당신의 목표를 달성하고자 한다면, 반드시 낮은 외면 지위를 채택해야 한다. 공무원은 외면 지위가 높다. 또 그 지위를 유지하고자 한다. 어떤 상황에서라도 공무원의 높은 외면 지위를 건드리지 말아야 한다.

공무원의 친절을 이끌어 내려면 침착해야 한다. 내면으로 높고 외면으로 낮은 성취형 지위를 채택해야 하고 당신이 원하는

---

[*] 이런 상황을 일컬어 '카프카적(kafkaesque)'이라고 한다. 프란츠 카프카(Franz Kafka)가 장편소설 『심판(Der Prozess)』에서 이런 상황을 생생하고 강렬하게 묘사했다. 카프카적 상황을 집요하게 그린 『심판』은 세계문학사에 악몽 같은 걸작으로 남아 있다.

바가 무엇인지 정확히 알아야 한다. 오직 당신의 목표만이 중요하다. 기분보다는 목표에 더 집중해야 한다. 그러지 못한다면 당신은 곧 자제력을 잃을 것이고, 결국 아무것도 얻을 수 없을 것이다.

내면으로 높고 외면으로 낮은 성취형 지위를 채택한다는 것은, 자기가 원하는 바를 알고 상대방이 제시하는 조건들을 기꺼이 채운다는 뜻이다. 상대방의 높은 외면 지위를 그냥 놔둬 보자. 그러면 일이 잘 풀릴 것이다.

기차 여행 놀이

기차를 타면 다양한 사람들과 교류하게 된다. 다른 장소였다면 서로 교류하지 않았을 사람들도 열차 안에서만큼은 대화를 나눈다.

열차의 객실은 지위 차이가 사라지는 대표적인 장소라고 할 수 있다. 모든 사람들이 같은 방향, 같은 방식으로 이동하는 중이기 때문이다. 유일한 차이는 특실과 일반실의 차이뿐이다. 특실 승객은 지위 서열의 맨 꼭대기에 있다. 더 높은 지위는 없다. 그러므로 특실 내부에는 지위의 압력이 존재하지 않는다.

더 나아가 모든 승객들은 승무원 앞에서 평등하다. 승무원이 요구하면 누구나 승차권을 보여 주어야 한다. 승차권 확인이 끝나는 즉시 승무원의 권력은 없어지고 특실 승객은 승무원을 서비스직원의 지위로 강등시킬 수 있다. 승객은 승무원에게 커피를 주문하여 그를 카페 종업원으로 바꿔 놓는다.

일반실에서는 승무원의 지위를 바꾸는 놀이를 즐길 수 없다.

그곳에서 승무원은 서비스직원으로 강등되지 않고 승무원으로 머문다. 일반실 승객이 승무원을 서비스직원으로 바꾸는 시도를 할 수는 있겠지만, 그러면 승무원은 아마 불쾌해하면서 그것은 특실 승객에게만 허용되는 지위라는 점을 일깨워 줄 것이다.

같은 객실의 승객들 사이에 존재하는 유일한 지위 차이는 창가좌석과 통로좌석의 차이뿐인데, 이 차이는 적어도 성인들에게는 별로 중요하지 않다. 물론 아이들은 창가 자리를 차지하려 어떤 행동을 취할 것이다. 하지만 이 작은 차이를 제외하면 객실 안의 사람들은 모두 평등하다.

혹여나 열차 운행에 지장이 생기기라도 한다면 우호적 관계는 더욱 돈독해진다. 사람들은 불만감과 허탈감, 철도회사의 터무니없는 비전문성에 대해 이야기를 나눈다. "하여간 이 열차는 늘 이 모양이라니까." 당연히 이 대화에서도 끊임없이 지위다툼이 벌어지긴 하지만, 그 다툼은 천진난만하다. 아무도 승무원의 지위를 차지하려 들지는 않는다. 여행이 길어지면 승객들은 심지어 서로를 신뢰하면서 음식을 나눠 먹기까지 한다.

다른 때는 치열하게 전개되는 지위다툼이 왜 이 상황에서는 천진난만하게 진행되는 것일까? 사람들이 비교적 평등하다는 점(모두 한 객실에 편히 앉아 한 방향으로 가고 있다는 점)과 더불어 서로 가까운 거리에 있다는 점이 중요하다. 그곳에서는 대화의 주제로부터 거리 두기가 불가능하다.

열차에 탄 사람들이 현재 상태가 한정된 시간 동안만 유지되리라는 사실을 알고 있다는 점도 한 가지 이유다. 열차 안에서 일어나는 상황은 곧 끝나게 되어 있다. 설령 열차 안에서 서로에게 관심을 표하고 반갑다며 명함을 주고받았다 할지라도 기차에서 내리고 나면 관계는 끝이 나고, 사람들은 다시는 서로를 보지 않을 것이다.

그럼에도 열차 객실 또한 지위가 높고 여유 있는 사람에게 더 적합한 장소다. 일반실보다 특실이 확실히 더 그렇다. 특실에서는 누군가가 시끄럽다거나 넓은 자리를 차지했다는 등의 이유로 충분히 지위다툼이 발생할 수 있다.

열차 안에서의 평화는 여행이 편안할 때, 승객이 꽉 차지 않고 운행 지체가 불편을 일으키지 않을 때만 유지된다. 운행이 지체되거나 승객이 꽉 차고 기계적인 문제가 있는 열차에서는 지위싸움이 격렬하게 일어난다. 대부분의 승객들이 스트레스를 받아 자기가 원래 선호하는 지위로 복귀하기 때문이다. 그러면 다른 장소에서와 마찬가지로 자동적으로 지위다툼이 일어나고, 승객들은 새롭고 흥미로운 사람을 만날 기회를 놓칠 것이다.

어리둥절 놀이

누군가에게서 과도한 사과를 받아 본 적이 있는가? 그때 당신의 반응은 어땠는가? 당신이 그런 상황을 좋아하지 않는 이유는 무엇일까?

"정말 죄송합니다. 저도 너무나 실례인 줄은 알지만, 혹시 가장 가까운 은행이 어디에 있는지 여쭤 봐도 될까요?"

이렇게 말을 거는 상대에게 당신은 어떻게 반응할까? "그렇게까지 죄송하지 않으셔도…" 같은 답변이 나오지 않을까?

그러면 누군가 당신에게 이렇게 묻는다고 해 보자. "실례합니다, 혹시 여기서 가장 가까운 은행이 어디인가요?" 당신은 어떻게 반응할까? 아마 이런 식일 것이다. "네, 일단 저쪽에서…"

첫 번째 경우에 우리는 자동적으로 상대를 안심시키려는 시도를 하는 반면, 두 번째 경우에는 바로 정보를 알려 준다. 첫 번째 경우에는 도움을 주면서도 약간 꺼리는 감정이 일어나는 반면, 두 번째 경우에는 가볍고 유쾌한 감정으로 기꺼이 도움을 준다. 첫 번째 경우는 왜 불편하게 느껴지는 걸까?

첫 번째 상대는 매우 낮은 지위로 다가와 그에게 아무것도 해 줄 마음이 없는 우리에게 도움과 자비를 부탁한다. 그의 행동은 우리에게 일종의 짐을 지우고 무조건적인 굴종은 연민을 유발한다. 이렇게 되면 우리는 단순한 정보뿐만 아니라 꽤 큰 도움을 요청받는다고 느낀다. 상대의 행동은 부적절하다고까지 할 수는 없겠지만 부담스럽다.

우리의 내면은 상대가 청하는 도움의 크기에 따라 순식간에 적절한 반응을 이끌어 낸다. 상대방이 필요로 하는 것이 사소한 도움이라면 우리는 아무렇지 않게 도움을 준다. 반면에 상대방이 정말로 절박하다는 신호를 보내면 우리는 몇 배로 더 긴장하면서 중요한 행동을 할 준비를 한다.

그런데 상대가 보낸 신호와 요청받은 도움의 크기가 객관적으로 일치하지 않을 경우, 우리는 잠시 어리둥절해지고 경계심을 품는다. 경계심을 품는 것은 무장하는 것과 같다. 우리는 싸움을 준비한다. 그런데 잠시 뒤에는 아무것도 경계할 필요가 없었다는 사실을 알게 된다. 경보장치가 잘못 가동된 것이다. 약간 짜증이 난다.

어리둥절 놀이는 일상의 다양한 상황에서 지위가 낮은 사람의 감정을 직접 이해하고 그에 대한 사람들의 반응을 관찰하는 데 유용하다. 하지만 친구들을 상대로 이 놀이를 하는 것은 바람직하지 않다. 그러면 당신은 존중을 잃을 것이다.

대화 도중 상대방을 어리둥절하게 만들기 위해 일부러 낮은 외면 지위를 채택할 수도 있다. 무조건 높은 지위를 차지하려고 하는 상대는 강한 의지를 가지고 자신의 유능함을 증명하려 한다. 다시 말해 자꾸 다투고 이기려 한다. 그의 목적은 자신의 높은 지위를 사람들에게 증명하고 인정받는 것이다.

당신이 그의 놀이에 장단 맞추기를 원하지 않는다면, 반론 없이 그의 말에 맞장구치면서 구체적인 답변은 회피하는 식으로 대응할 수 있다. 이렇게 대응하면 당신의 외면 지위는 계속 낮아지지만, 다른 한편으로 내면 지위는 자동적으로 높아진다. 상대방은 차츰 화가 날 것이다. 자신이 차지한 높은 지위가 허망해지기 때문이다. 정복할 고지도 없고 싸워 이길 적도 없다. 그는 불필요한 지위놀이를 자기 혼자서 무의식적으로 하고 있는 셈이다. 당신이 높은 내면 지위를 유지하면서 침착하고 일관되게 목표를 추구한다면 이 상황을 이어 나갈 수 있다.

동창회 놀이

먼저 분명히 해 두자. 동창회는 매우 즐거운 경험이다. 동창회에서 사람들은 오랫동안 못 본 친구들을 만나 서로의 우정을 확인한다.

하지만 지금부터 다루려는 것은 그런 즐거운 경험이 아니라

동창회라는 특수한 상황에서 벌어질 수 있는 지위놀이다. 이 지위
놀이는 '옛 친구들' 사이에서 벌어진다는 점에서 특히 흥미롭다.

먼저 남자 동창들의 경우를 살펴보자. 그들은 집과 자동차에
대해 이야기한다. "당신의 집이 당신을 말해 줍니다."라는 광고
문구가 떠오른다.

동창회에서 지위는 매우 중요한 역할을 한다. 참석자들은 일
단 각자가 학창시절에 학급에서 차지했던 지위로 복귀한 다음
다시 새 지위를 놓고 싸우기 시작한다. 지위다툼은 동창회가 열
리는 식당이나 술집 앞에 차를 세울 때부터 시작된다. 어떤 자동
차들이 있을까? 저 자동차는 누가 몰고 왔을까? 여기에 주차할
까, 아니면 좀 떨어진 곳에 주차할까?

먼저 반갑다는 인사가 요란하게 오가고, 다들 어색함을 떨쳐
내느라 약간의 시간이 흐른다. 이어서 지체 없이 질문이 오가고
조사가 진행된다. 수년 만에 벌어지는 지위놀이의 핵심 질문은
다양하다. 이 친구는 요새 무슨 일을 할까? 무엇이 되었을까? 어
디에 살까? 못 보는 동안 어떤 지위를 획득했을까? 누가 공무원
이고, 누가 회사원이고, 누가 자영업자일까? 누가 돈을 많이 벌
고, 누가 그럭저럭 생계를 꾸리고, 누가 그렇지 못할까? 누가 동
창회에 나오지 않았을까? 왜 안 나왔을까? 어떤 친구는 이민을
갔고, 또 어떤 친구는 SNS를 뒤져 봐도 소식을 알 수 없다.

동창회는 내가 사람들에게 어떤 인상을 풍기는지를 알 수
있는 좋은 기회다. 실제로 나 자신이 느끼는 나와, 사람들이 느
끼는 나는 엄청나게 다를 수 있다. 동창회에 모인 사람들은 과거
에 당신을 잘 알았고, 지금도 그때 당신의 이미지를 명확히 간직

하고 있다.

동창들의 기억 속 이미지가 지금의 당신과 부합하는지 여부는 중요하지 않다. 동창들은 당신의 예전 모습을 기억하고 있으며, 당신은 그 이미지를 받아들임으로써 큰 교훈을 얻을 수 있다. 사람들이 과거의 당신에게서 어떤 인상을 받았는지, 이런저런 친구들이 보기에 당신의 지위가 어땠는지를 깨닫고 나면, 아마 놀랄 수밖에 없을 것이다.

과거에 높은 지위를 차지했던 친구들의 현재 행동을 관찰하는 것도 흥미로운 일이다. 그들은 동창회 내내 과거의 지위를 방어하기 위해 애쓸지도 모른다.

한편, 과거에 낮은 지위를 차지했던 친구들도 있다. 그들은 여전히 지위가 낮을까? 혹시 성공한 사람이 되었을까? 만일 그렇다면, 옛 친구들을 만난 지금 이 자리에서 그들은 어떻게 행동할까? 과거의 낮은 지위를 다시 채택할까?

그럴지도 모른다. 옛 서열의 힘은 매우 강하다. 특히 과거에 지위가 높았던 사람들이 다시 옛날처럼 행동하면 더 그렇다.

동창회에 나온 여자들은 무슨 얘기를 할까? 자기 남편과 집, 취미생활이 얼마나 멋지고 훌륭한가에 대해서 수다를 떨까? 다른 친구들의 가치를 폄하함으로써 자신의 지위를 높이려고 할지도 모른다.

그런 놀이에서 자주 쓰이는 공격 수단은 외모다. 어떤 친구는 주름살이 늘었고, 또 어떤 친구는 살이 많이 쪘고, 다른 친구는 얼굴에 그늘이 졌고, 또 다른 친구는 빨리 늙었다.

옷차림도 지위를 드러내는 역할을 한다. "저 애가 입은 건

명품은 명품인데 제일 싼 명품이야. 루이뷔통 가방은 모조품이고. 모조품을 어떻게 알아내는지 알아?"

이 질문을 받은 당신이 모조품 식별법을 모른다면, 유감이지만 당신의 지위는 떨어질 위험이 높다. 상대방은 일석이조의 효과를 거둔 셈이다. 한 친구는 명품 모조품을 가져왔고, 다른 친구는 명품의 세계를 모르니, 수다를 떠는 그녀의 지위는 자연스럽게 높아진다.

혹은 이런 대화가 시작될 수도 있다. "그런데 말이야, 지난 주에 질트sylt섬(독일의 고급 휴양지)에 갔었거든……."

화제는 고급 휴양지와 상류사회로 넘어간다. 질트섬에 있는 별장과 칸느에 있는 요트, 모나코에서 자주 만나는 부유한 친구들에 대해서 이야기하는 사람을 겪어 본 적이 있는가? 상대방은 자기가 지닌 사실상의 'VIP 증명서'를 당신의 코앞에 내밀고, 당신은 그것을 보지 않으려 하거나, 그것에 관심이 없거나, 심지어 그것 때문에 고통을 받는다. 이런 현상을 일컬어 '이비사증후군Ibiza-Syndrom'이라고 한다(이비사는 독일인들이 즐겨 찾는 스페인의 고급 휴양지 섬이다).

자신의 지위가 높다고 믿는 사람들은 그 높은 지위를 확실히 알리기 위해 어떤 행동을 할까? 그들은 자신이 권력자 집단과 교류한다는 것을 알린다. 왜 그렇게 해야 할까? 그들이 하려는 말은 간단하다. "난 권력층에 속해. 아무도 나를 못 건드려."

이 경우에 높은 지위는 사실 빌려 온 지위, 다시 말해서 지위 과시용품이다. 그것은 획득한 지위가 아니며, 따라서 개인의 고유한 특성이라고 할 수 없다.

권력층과의 관계는 직업생활에서도 매우 중요하다. 이 문제는 뒤에서 다룰 것이다.

새치기 놀이

새치기 놀이에서 아주 흥미로운 유형의 사람들은 은행이나 고속버스 매표소 등에서 새치기를 하는 노인들이다. 그들은 약간 쓸쓸한 표정을 지으며 줄 선 사람들을 그냥 지나쳐 여기저기 둘러보다가 누군가가 창구를 떠나기가 무섭게 거기로 달려가서 자기 일을 처리한다.

줄을 서 있던 사람들은 기분이 언짢지만, 그 심정을 공개적으로 표출하는 사람은 거의 없다. 만일 어떤 사람이 결심한 듯이 나서서 "저 뒤에 줄을 서셔야 합니다."라고 선언하면 대부분의 사람들은 고마워한다. 그러면 새치기를 한 노인은 계획을 포기하고 어슬렁어슬렁 움직여 얌전히 뒷자리에 선다. 하지만 어떤 노인은 계속 쓸쓸한 표정이나 아무것도 모른다는 표정을 지으면서 딴청을 피운다.

이는 매우 흥미로운 상황이다. 여기서는 노인의 낮은 지위행동(아무것도 모른다는 듯 멍하니 있음)이 주변 사람들의 지위까지 낮춰 버린다. 스스로 낮은 지위를 채택하여 다른 사람들을 더 낮은 지위로 떨어뜨리는 것이다. 이것은 대단한 솜씨이며 가히 놀라운 예술의 경지다. 이 상황에서는 존중도 호감도 발생하지 않는다.

그런데 더욱 뛰어난 솜씨를 발휘하는 사람들도 있다. 그들은 이런 식으로 말하면서 요란하게 등장한다. "실례합니다, 제 차례가 아닌 줄은 압니다. 그냥 짧게 물어볼 게 있어서요, 죄송합니다." 이런 사람은 줄 선 사람들의 반감을 피할 수 있다. 그는 '자기 차례가 아니라는 것을 잘 알지만, 어쩔 수 없다'는 자신의 상황을 솜씨 좋게 사람들에게 호소한다.

'반감'은 집단이 개인을 궁지로 몰아 구성원들이 합의한 규칙을 지키도록 만들 때 쓰이는 가장 강력한 무기다. 반감은 집단에서 추방당할 수 있다는 위협을 함축한다. 과거에는 집단에서의 추방이 최고의 형벌이었다. 집단에서 추방된 개인은 비참했다. 추방된 개인은 집단의 영토를 떠나 새 터전을 찾아야 했지만 다른 곳에는 이미 다른 집단이 정착해 있었기 때문에 새 터전은 늘 부족했다. 추방된 사람은 어디에서도 환영받지 못하고 생존을 위협받는 처지가 된다. 그러므로 집단의 분노를 받는 개인이 되지 않는 것은 무엇보다도 중요한 일이었다.

이 반감의 메커니즘은 오늘날에도 작동한다. 적어도 대부분의 사람들 안에서는 확실히 작동한다. 그런데 새치기하는 사람들은 그 메커니즘을 차단하는 방법을 터득한 것처럼 보인다. 아니, 어쩌면 그들의 사회성에 결함이 있는 것인지도 모른다. 아무튼 새치기는 약간 이해하기 어려운 면이 있는 이상한 지위놀이다. 새치기 놀이의 배후에는 과연 무엇이 있을까?

사람들은 왜 새치기를 할까? 자신의 낮은 지위를 견딜 수 없기 때문일 수 있다. 줄을 서 있는 사람들은 뒤로 갈수록 차례로 지위가 낮아진다. 나중에 도착하여 맨 뒤에 서는 사람은 앞에 선 사람들보다 약간 더 지위가 낮다. 그리고 한 자리씩 앞으로 이동할 때마다 지위가 상승한다. 더 강해지는 것이다. 그래서 새치기가 발생하면 뒤쪽에 선 사람들보다 앞쪽에 선 사람들이 훨씬 더 화가 난다.

그렇지만 이상하게도 새치기하는 사람을 타이르기는 어렵다. "저기요, 내가 당신보다 먼저 왔어요."라는 말을 쉽고 침착하게 내뱉는 사람은 드물다. 아마도 새치기한 사람의 지위가 다른 사람들보다 훨씬 빠르게 상승했기 때문일 것이다. 그는 아무렇지도 않게 줄을 무시하고 엄청난 지위 상승을 감행했다.

그럴 자격을 어디에서 얻었을까? 아마 그 사람은 스스로 자신에게 그럴 자격을 부여하고 독단적으로 높은 지위를 채택했을 것이다. 그러나 이를 행동으로 옮기기란 정말 어려운 일이다. 연이어 따라올 사회적인 반감을 견뎌야 하기 때문이다.

이런 행동은 높은 내면 지위를 유지하면서 자신의 역할을 능숙하게 수행할 때만 성공적이다. 그렇지 않다면, 그 사람은 엄청난 사회적 압력에 밀려 곧바로 다시 맨 뒤로 밀려난다.

한번 직접 실험해 봐도 좋다. 새치기 놀이를 완수하려면 아주 많은 자신감이 필요하다. 하지만 동시에 지위가 당신을 어떻게 변화시키는지 느낄 수 있게 해 줄 것이다. 높은 지위를 쟁취하고 거기에 머무는 것과 높은 지위를 쟁취했다가 곧바로 굴러떨어지는 것은 느낌이 전혀 다르다.

불평하기 놀이

하루 날을 잡아 작정하고 불평하기 놀이에 전념해 보자. 그날은 흥분되고 짜릿할 뿐 아니라 많은 교훈을 얻는 날이 될 것이다. 규칙은 간단하다. 불평하기 놀이를 할 때는 어떤 것에도 결코 만족해서는 안 된다. 예를 들어, 식당에서는 종업원이 골라 준 자리가 당신의 마음에 들든 말든 무조건 다른 자리를 달라고 한다. 지금 자리는 너무 밝거나 어둡고, 좁거나 넓고, 시끄럽거나 적막하다. 무슨 구실이라도 좋다. 핵심은 트집을 잡는 것이다.

택시를 탄 당신은 운전사가 선택한 길이 옳지 않다고 느낀다. 비행기에 탑승할 때는 지정된 좌석이 아닌 다른 좌석에 앉고 싶다. 옷가게에 가면 주인이 권하는 옷이 아닌 다른 옷을 사고 싶고, 식당에서는 메뉴판에 없는 음식이 먹고 싶다. 종업원이 포도주를 가져오면 코르크 찌꺼기가 떠 있다면서 돌려보낸다. 설령 코르크 찌꺼기가 없더라도 그렇게 한다.

당신은 당신의 뜻을 관철한다. 당신은 중요한 사람이다. 사람들은 당신을 진정시키고 만족시키려 애쓸 것이다. 그러나 당신은 만족하지 않는다. 번번이 새로운 이유, 조건, 요구를 제시하며 부족함과 흠을 찾아낸다. 식당 종업원이 다시 안내한 자리도 흡족하지 않다. 메뉴판에 없지만 요리사가 특별히 당신을 위해 만든 음식도 그리 맛있지 않다. 새로 가져온 포도주는 코르크 찌꺼기는 없지만 공기에 충분히 노출시키지 않아서 새 잔에 따라야 한다. 그러면서 당신은 종업원에게 테이블을 옮겨도 되느냐고 묻는다. 지금 앉은 자리는 약간 좁기 때문이다. 당신은 아주 예민한 사람이고, 내일 아침에 중요한 강연을 해야 하고, 또······.

불평하는 사람은 호감을 얻지는 못하지만 사람들이 자신의 요구에 응하도록 만들 수 있다. 사람들은 속이 부글부글 끓으면서도 당신의 과도한 요구에 응한다. 불평하기 놀이를 할 때는 지나치다는 느낌이 들 정도로 확실히 해서 끝내 사장이 다가와 제발 가 달라고 부탁하도록 만드는 것이 좋다.

불평하기 놀이는 당신의 자아에 유익할 수 있다. 특히 당신의 깊은 내면이 불평불만과 전혀 어울리지 않다면 더 그렇다. 어쩌면 당신은 아주 많이 애를 써야만 불평하기 놀이를 할 수 있는 사람일지도 모른다. 더 나아가 당신이 불평하기 놀이 때문에 고통 받는 사람들의 느낌을 본능적으로 이해하는 사람이라서 놀이를 계속하기가 어려울 수도 있다. 그러나 아무튼 하루 동안 불평하기 놀이에 전념해 본다면 당신은 불평쟁이의 진면목을 많이 배우게 될 것이다.

불평쟁이가 끊임없이 토로하는 불만은 실은 들으나마나 한 불만이다. 이 사실은 주변 사람들을 이해하는 데 있어 꽤 중요하다. 불평하기 놀이를 해 본 당신은 언젠가 불평쟁이를 상대해야 할 때 더 잘 대처할 수 있을 것이다.

자기 삶의 연출가 되기
―행동방식 확장하기

지금까지 우리가 스스로 해 볼 수 있는 여러 지위놀이들을 살펴보았다. 이제부터는 포괄적이고 복합적인 연습 방법들을 제시할 것이다. 연습을 통해 당신은 주변 사람들의 행동과 반응을 지위놀이의 맥락에서 더 정확하고 선명하게 이해하는 법을 터득할 수 있다. 거울을 앞에 놓고 연습하거나, 신뢰하는 사람과 연극을 하듯이 연습해 봐도 된다. 모든 지위놀이 연습의 핵심은 당신이 이미 관찰했고, 흥미롭다고 느낀 행동방식들이다. 그런 행동방식들을 놀이 삼아 실행하면서 자신의 느낌과 본능에 주의를 집중해 보자.

• 새로 산 옷의 지퍼가 말썽이라서 옷가게 주인에게 배상을 요

구하고 싶다.

- 경찰관에게 속도위반을 적발당한 상황에서, 경찰관이 과태료 고지서를 발행하는 일을 막고 싶다.
- 누군가가 당신의 거주지 우선 주차 자리에 자동차를 주차했다.
- 당신은 우리가 앞에서 본 카페 장면의 여자다.

이 가상적인 상황들 말고 얼마 전에 체험했거나 지금도 생생하게 기억하는 상황을 채택해도 좋다.

연습의 효과를 최대로 높이려면, 개별 상황 각각을 놓고 네 가지 지위 유형을 모두 실행해 보자. 지위놀이 연습은 창조성을 부추기기도 한다. 연습이 계속되다 보면 점점 재미가 붙을 것이다. 또한 경험이 쌓여 가면 당신이 선호하는 지위 유형을 버리는 일이 점점 더 쉬워지고 덜 당황스럽게 된다.

'거리낌'은 우리의 평소 반응패턴에 대한 실험을 방해하는 요소다. 새로운 대안을 실험해 볼 때 우리는 불확실성에서 오는 낯설고 두려운 감정을 느낀다. 그러나 그런 느낌들은 중요하지 않다. 단지 익숙하지 않기 때문에, 우리가 새 땅에 들어서기 때문에 생기는 감정일 뿐이다. 언제나 첫 발을 내딛기는 어렵다. 그러나 한발 한발 내디딜 때마다 일은 점점 수월해진다.

앞에서 언급했듯이 연극 무대를 떠올려 보면 연습에 도움이 될 것이다. 우리가 처한 상황 각각은 연극의 한 장면이고, 우리는 연기를 하는 배우다. 연극에서는 의식적으로든 무의식적으로든 모든 상황에 지위놀이가 존재하며, 우리는 지위놀이에 주도적으로 참여할 수 있다. 주도적으로 참여한다는 것은 연극의 연출가가 되어 자신의 뜻에 맞게 영향력을 행사한다는 뜻이다.

일상생활은 지위놀이를 연습할 최고의 기회들을 제공한다. 일상에서 우리는 시시각각 이런저런 지위 상황에 처하고, 다양한 사람들을 우연히, 잠시 동안만 마주칠 기회를 자주 얻는다. 또한 그들에게 종속되지 않았고 아무것도 빚진 것이 없으므로 위험하지 않게 다양한 지위다툼을 시도해 볼 수 있다. 어차피 그들을 다시 볼 일은 없을 테니, 설령 상황이 우리의 의도대로 흘러가지 않거나 연습이 부족하여 미숙하게 행동한다 해도 문제될 것은 없다.

◇◇

S#.5 마트 주차장

한 여자가 빈자리에 차를 대고 시동을 끈 다음에 차 문을 연다. 다른 차를 운전하던 뚱뚱한 중년 남자가 옆 유리창을 내린다.

남자　이봐, 당신 한 번만 더 그러면 고발할 거야!

여자는 어리둥절하다. 무슨 말을 해야 할지 모른다. 도통 영문을 모른 채 불안한 기색이다.

남자　거긴 내 자리야. 내가 아까부터 깜빡이를 켜고 있었다고.

여자는 이제 무슨 일인지 알았지만 느닷없고 적대적인 남자의 외침에 아직도 정신이 멍하여 어떻게 대꾸해야 할지 모른다. 그때 남자가 한마디 보탠다.

남자　하여간 여자들은 운전대 잡으면 안 된다니까. 멍청한 데다 눈에 뵈는 게 없어.

여자는 여전히 반응이 없다. 그녀는 내면으로 화가 났지만 외면으로는 충격을 받아 마비된 것처럼 보인다. 열네 살 먹은 아들이 함께 있어 이 상황이 더욱 곤혹스럽다. 남자가 실컷 욕설을 퍼붓고 멀어진 후에야 비로소 여자는 천천히 압박감에서 벗어난다.

◇◇

몇 시간 후에 그녀는 이 상황을 돌이켜 생각하면서 치를 떤다. 굴욕을 당했다는 생각이 마음에서 떠나지 않는다. 그 후 며칠 동안 여자는 자기가 어떻게 반응했어야 하는지 수없이 생각한다. 점점 더 훌륭하고 적절한 말이 떠오른다. 마침내 여자는 다음번에 그런 상황에 처하면 어떻게 대응할지 확실히 정한다. '걸리기만 해 봐라. 그렇게 막무가내인 놈은 톡톡히 망신을 주겠다.'

그러나 유감스럽게도 여자의 일생에서 이 장면이 똑같이 되풀이되는 일은 없을 것이고, 뒤늦게 생각해 낸 침착하고 당당한 반응은 실행될 수 없을 것이다. 인생이 늘 그렇다. 우리는 구체적인 상황에서 자동적으로 반응하고 나중에야 똑똑해진다. 일단 각자가 선호하는 지위를 자동적으로 채택하고 나면, 우리는 그 지위를 벗어나지 못한다.

주차장 장면에서, 여자는 중년 남자로부터 거리 두기를 몹시 바랐다. 따라서 그녀는 그 남자에게서 벗어나기 위해 높은 지위를 채택해야 했다. 그러나 위에서 보듯이 그녀의 자연스럽고 무의식적인 반응은 높은 지위 채택이 아니었다. 그녀는 남자에게 "반말하지 말라, 엄연히 남남인데 이런 식으로 나오는 건 지나치다."라고 따끔하게 타이르기보다는 분쟁을 피하기를 원했다. 그

105

행동을 후회한다면, 높은 지위를 연습해야 한다.

핵심은 '자동적으로 채택한 낮은 지위'를 현 상황에서 '더 유리하고 적절한 다른 지위'로 바꾸는 능력을 키우는 것이다. 위의 주차장 상황에서 유리하고 적절한 지위는 안팎으로 높은 공격형 지위다. 여자는 이렇게 다짐했어야 한다. "나는 내가 원하는 바를 안다. 당신은 내가 원하는 대로 행동할 것이다."

여자가 이런 마음가짐을 가졌더라면 그 무례한 남자를 곧장 궁지로 몰아넣었을 가능성이 높다. 결국 남자는 머뭇거리며 떠났을 것이고, 여자가 하루 종일 굴욕을 곱씹는 일도 없었을 것이다. 아니, 여자가 즉시 방어태세에 돌입했다면 애당초 굴욕을 당하는 일조차 없었을 것이다.

일상에서 좋지 않은 상황을 만났을 때 우리 자신의 내면을 방어하는 일은 매우 중요하다. 상황이 요구할 때 공격적으로 대응하는 것은 결코 나쁜 일이 아니다.

여자가 자동적으로 설정된 낮은 지위를 의식적으로 높은 지위로 바꿨을 때 취할 수 있는 행동들을 살펴보자. 일상의 다른 상황들에서 여자는 아무 문제없이 안팎으로 높은 지위를 채택해 왔을 것이다. 아들을 대할 때만 해도 그녀는 안팎으로 높은 지위를 이미 셀 수 없이 많이 채택했다. 아들에게 무언가를 가르치거나 금지해야 할 때 필요했기 때문이다. 그러므로 여자에게는 상황이 요구한다면 얼마든지 지위를 바꿀 잠재력이 있다. 그녀는 엄마 역할을 당연시한다. 그래서 엄마 역할을 위해 낮은 지위를 높은 지위로 바꿀 때는 아무 문제도 느끼지 않는다.

이 사실은 매우 중요하다. 우리는 항상 자연스럽게 지위를 바꾼다. 지위 바꾸기를 새롭고 낯선 행동인 양 애써 배울 필요가 없다는 말이다. 우리는 그저 우리가 이미 지닌 자연스러운 지위 바꾸기 능력을 다른 상황들에서 '발휘하기만' 하면 된다. 예를 들면 이렇다.

S#.5 마트 주차장

남자　거긴 내 자리야. 내가 아까부터 깜빡이를 켜고 있었다고.

여자　사는 게 원래 불공평한 거예요. 다음번에는 운이 좋으실지도 모르죠.

여자는 이렇게 반응할 수도 있다.

"아이고, 재수가 나쁘시네요."

또는 이렇게 반응할 수 있다.

"사는 게 힘든 일이에요, 안 그래요?"

만일 남자를 자극하고 싶다면 이렇게 반응할 수도 있을 것이다.

"제가 한 시간 반쯤 있다가 오니까, 제 차 좀 잘 봐 주세요."

이 말에 남자가 화를 낸다면, 여자는 놀란 척하며 이렇게 말할 수 있을 것이다.

"아이고, 주차관리인 아니셨어요? 아이, 난 그러신 줄 알았지. 그래 보이시길래."

그런 다음에 남자를 놔두고 떠나면 그만이다.

위의 반응들은 순식간에 상황을 뒤집는다. 무례한 남자는 마음에 품었던 "여자는 운전대 잡으면 안 돼", "고발할 거야", "멍청한 데다 눈에 뵈는 게 없어" 등의 공격적인 말을 포기하고 대응책을 궁리해야 한다. 이를테면 이런 대응을 생각해야 한다.

"뭔 소리를 하는 거야?"

또는

"이런 뻔뻔한 여자를 봤나!"

또는

"그래 좋다, 두고 보자!"

여자는 반격을 통해서 시간적 여유와 다음 행동에 대한 선택 폭을 얻었다. 그녀는 침착하게 전술을 가다듬을 수도 있고, 그냥 남자를 내버려두고 떠날 수도 있다.

더욱 차갑고 날카롭게 대응하려면, 이렇게 할 수도 있을 것이다.

여자가 아들에게 묻는다. "혹시 너 저 아저씨한테 뭐 물어봤어?" 아들은 아니라고 대답한다. 그러면 여자가 이렇게 말한다. "이상하네. 엄마도 물어본 적 없거든. 그런데 왜 저러지? 너 정말 아무 질문도 안 한 거 맞아?"

"맞아." 하고 아들은 대답할 것이다. 이런 대화를 계속하면서 여자와 아들은 주차장을 떠나 쇼핑센터로 향한다. 영화의 한 장면이라고 해도 손색이 없다.

가능한 대안들을 검토할 때 특히 중요한 점은 내면의 태도다. 내면에 높은 지위가 자리 잡고 있다면, 거기에서 나오는 반응의 세부사항은 별로 중요하지 않다. 그런 내면의 태도를 다음과 같은 질문과 대답으로 이끌어 낼 수 있다.

첫째 질문   지금 여기에서 누가 문제인가?
대답   저 남자!
둘째 질문   문제에 어떻게 대처할 것인가?
대답   이 문제를 내 문제로 삼지 않고 저 남자에게 넘긴다.
셋째 질문   그러기 위해서 어떻게 할까?
대답   나의 반응을 연출하고 역할을 수행한다.

이 마지막 대답에서 지위 바꾸기는 일종의 연출 과제가 된다. 나는 저 무례한 남자가 배우라고 여기면서 이 장면에 나 자신을 특정한 역할로 참여시킨다.

어떤 남자가 내게 다가와 자기 역할을 수행한다.
나는 남자에게 대응해 내 역할을 수행한다.
내 역할은 내가 정하지, 저 남자가 정하지 않는다.
연출은 내가 맡지, 저 남자가 맡지 않는다.

이 방법은 스스로 자신의 인격을 구렁텅이에 빠뜨리거나 내면에 상처를 입히는 일을 막아 주는 장점이 있다.
저 남자는 자기 역할을 수행하고, 나는 나의 역할로 대응한다. 나의 역할에는 뚜렷한 목표가 있다. 나는 저 남자에게서 벗어나려 한다, 나는 저 남자를 훈계하려 한다, 나는 저 남자를 무시하려 한다, 등등 구체적인 목표는 무엇이든 상관없다.

중요한 것은 내가 명확하고 단순하게 마음을 정하고 필요하면 언제든지 그 마음으로 복귀할 수 있다는 점이다. 이 능력을 단번에 완벽하게 터득할 수는 없겠지만, 조금만 연습하면 눈에 띄는 성과를 거둘 수 있다. 그러면 단지 나의 역할을 수행함으로써 다른 사람이 구성한 대본을 내 뜻대로 바꿀 가능성이 확보된다.

 연출된 지위 바꾸기의 토대는 인격이 걸린 상황으로 빠져드는 대신에 자신의 역할만을 수행하겠다는 내면의 태도다.

지위 예술가

지위놀이를 정말 잘하는 사람들이 있다.

만일 카페 장면의 여자가 그런 지위 예술가였다면, 그녀는 아마 이런 식으로 문제를 해결했을 것이다.

◇◇◇

S#.1-6 카페, 낮

테이블로 돌아온 여자는 그 자리에 앉아 있는 남자를 보고 싸움을 피할 수 없음을 알아챈다. 여자는 즉시 싸우기로 결정한다. 그녀는 다가가서 남자를 바라보며 미소를 짓는다. 그러면서 약간 당황한 표정을 짓는다. 아주 약간만.

여자　　어머, 일찍 오셨네요.

여자가 약간 수줍어하면서 손을 내민다.

여자 마델라이네라고 합니다.

남자는 어안이 벙벙하다. 자리에서 일어나 손을 내민다.

남자 저어…… 사람을 잘못 보신 것 같은데요.

여자 그럴 리가요. 하지만 정말 잘못 본 거라면, 너무 실망스러울 것 같네요.

남자 아니, 저기요. 저를 아세요?

여자 조금요. 전에 그러셨잖아요. 낯 많이 가리신다고.

남자가 미소를 짓는다. 자신이 짐작한 대로 여자가 사람을 잘못 보았다는 확신이 더 강해진다.

남자 확실히 저를 다른 사람으로 착각하셨네요.

여자 빅토르 씨 아니세요?

남자 아닙니다.

여자 아이, 실망이네. 여기서 만나기로 약속했거든요. 12번 테이블. 나 참. 아, 근데 이 번호표 디자인 좀 별로지 않아요? 숫자만 달랑 적혀 있잖아요. 어쨌든 그쪽이 여기 앉아 있는데, 빅토르 씨는 아니시네요. 우리가 같이 있는 걸 빅토르 씨가 못 봐야 할 텐데. 문자할 때 그랬는데, 질투심이 좀 있는 편이래요.

◇◇◇

여자는 더 수다를 떨 필요가 없다. 남자는 아마 자진해서 일어나 다른 테이블을 찾을 것이다.

타고난 소질이 받쳐 준다면 이렇게 지위놀이 솜씨를 예술의 수준까지 끌어올릴 수 있다. 그 수준에 도달하면, 오히려 솜씨 발휘를 가끔 억제하는 것이 바람직하게 느껴질 정도가 된다.

예나 지금이나 법의 테두리를 벗어나 지위놀이를 수행하는 사람들이 있다. 그런 사람들은 탁월하고 매끄럽게 지위놀이를 할 수 있기 때문에 사회와 문명의 모든 기준을 무시하기도 한다. 그들은 자신의 솜씨를 지나치게 발휘하여 때때로 악명 높은 거짓말쟁이, 사기꾼, 허풍쟁이가 된다.

프리드리히 빌헬름 포크트 Friedrich Wilhelm Voigt 가 그런 탁월한 지위놀이꾼이었다. 그는 1906년 10월에 베를린의 만물상 몇 군데를 돌며 장교용 제복을 구해서 입고, 거리에 나가 수비대 병사들을 소집했다. 그리고 그들과 함께 전철을 타고 쾨페니크 Köpenick 로 이동하여 시청으로 진입, 시장을 체포하고 직원들로부터 공금을 받아 갔다.

이 사건으로 쾨페니크 대위 Hauptmann von Köpenick 라는 별명을 얻은 포크트는 재산도 없고 일도 없는 실업자였다. 자신의 내면 지위와 외면 지위를 극단적으로 바꾸었던 것이다. 그러기 위해 필요했던 것은 제복, 장교의 말투와 행동을 정확히 흉내 내는 능력, 그리고 지위놀이를 끝까지 일관되게 수행하겠다는 내면의 태도뿐이었다. 그는 그 역할을 완벽하게 수행했다.

문학의 세계에는 마크 트웨인이 창조한 탁월하고도 사랑스러운 지위놀이꾼, 영웅 톰 소여가 있다. 톰 소여의 고모 폴리는 숱한 말썽을 일으키는 조카에게 벌로 정원 울타리에 페인트칠하는 일을 시킨다. 톰이 보기에 그 일은 지루하기 이를 데 없을 뿐

113

만 아니라 친구들의 웃음거리가 될 위험까지 있다. 낮은 지위에 떨어진 톰은 꾀를 낸다. 그는 이상할 정도로 열심히 페인트칠하기에 몰입하여 곧 친구들이 다가와 구경하게 만든다. 그는 친구들을 못 본 척 하면서 강한 확신으로 역할을 수행하고, 이윽고 친구들은 자기네도 조금만 칠하게 해 달라고 부탁한다. 그러나 톰은 거절한다. 그 일은 톰의 일, 톰의 즐거움이다.

이 행동으로 톰은 친구들의 호기심과 함께 칠하고 싶다는 마음을 부추긴다. 결국 톰은 일에서 빠지고 친구들이 울타리 전체를 칠한다. 그리고 톰은 그 대가로 고모에게서 용돈을 받는다. 꾀를 내어 자신의 낮은 지위를 높은 지위로 바꾼 것이다.

톰은 엄청나게 즐겁고 행복한 일을 하는 듯한 인상을 풍겼다. 톰처럼 즐겁고 행복한 아이는 없다. 그러므로 다른 아이들로서는 그 일에 끼어들고 싶어지는 것이 당연하다. 이 우아한 지위놀이를 마무리하는 역할은 폴리 고모가 맡는다. 고모는 기뻐서 어쩔 줄 모른다. 그리고 이토록 짧은 시간에 완벽하게 일을 해낸 톰을 자랑스러워한다.

현실에서도 예술 수준으로 수행된 지위놀이의 예를 수없이 발견할 수 있다. 수백 년 동안 수천 명의 목숨을 앗아갔던 괴혈병이 돌았을 때, 유명한 탐험가인 쿡 선장은 그 병을 다스리는 비결을 깨달았다. 병의 원인은 비타민C 결핍이었고, 해결책은 절인 양배추를 충분히 섭취하는 것이었다.

쿡은 절인 양배추를 배에 가득 실었다. 그러나 그는 선원들이 그것을 먹지 않으리라는 사실을 알았다. 절인 양배추는 맛이 없고, 실제로 선원들은 처음 보는 그 음식이 괴혈병을 막아 준다는 말을 믿지 않았다. 그럼에도 그는 선원들이 매일 고분고분 절인 양배추를 먹게 만들었다.

방법은 간단했다. 절인 양배추를 자기 밥상에만 올리고, 식사 때마다 모두가 보는 앞에서 아주 맛있게 먹었다. 선원들은 호기심을 느꼈고 결국 그 이상한 새 음식을 맛봐도 되냐고 물었다. 쿡은 오래 머뭇거리다가 마지못해 허락했다. 그는 결코 속내를 내보이지 않았다. 그리고 그의 꾀는 효과를 발휘했다. 얼마 지나지 않아 선원들은 절인 양배추를 아무 거리낌 없이 먹게 되었다.

3부

직장에서의 지위

패배하는 사람보다 항복하는 사람이 더 많다.

헨리 포드(1863~1947, 포드 자동차 설립자)

지위는 어떤 힘을
발휘할까?

◇◇◇

S#.6 회의실

지난주에 결정된 작업 개선방안에 대해서 논의하는 회의가 진행되고 있다. 베스트 팀장이 컴퓨터 그래픽을 동원하여 개선 결과를 설명하고 사장의 칭찬을 받는다. 이제 노르트 팀장의 차례다. 베스트 팀장보다 말주변이 없는 그는 컴퓨터를 동원하지 않고 간략한 메모에만 의지하여 즉흥적으로 발표를 시작한다. 사장이 몇 마디 듣다 말고 끼어든다.

사장　　방금 설명하신 부분을 우리가 일목요연하게 볼 수 없을까요?

노르트　예? 본다고요?

사장　　예. 도표 몇 장으로 요약하면 좋을 텐데.

노르트　유감스럽게도 그럴 시간이 없었습니다. 제 생각엔 무엇보다 이 세부적인 사항들이…….

사장 간단한 도표 몇 장으로 보여주지 않으면, 여기 모인 사람들이 내용을 명확하게 이해할 수가 있겠습니까?

노르트 팀장은 당황한 눈빛으로 사람들을 둘러보고 다시 메모지를 굽어 본다.

노르트 면목 없습니다. 하지만 저는 오로지 개선방안을 실현하는 데 집중했기 때문에…….

사장 예, 됐어요, 됐어. 오늘은 이만 마치고 노르트 팀장님 발표는 다음 회의로 미룹시다. 다음엔 일목요연한 발표를 부탁합니다.

직장생활을 하다 보면 이런 상황을 드물지 않게 경험한다. 직원들은 조심스러운 존중과 은밀한 호감을 오가며 갈등한다.

존중할 대상은 사장이다. 공격적인 태도를 보이기 때문이다. 그래서 직원들은 사장으로부터 거리를 둔다. 반면 호감이 향하는 대상은 노르트 팀장이다. 그가 컴퓨터도 없이 발표를 하는 데다 독립적이고 자신감 있는 태도를 보였기 때문이다. 노르트 팀장이 그런 태도를 유지하면서 아직 종결되지 않은 대화 상황을 자기에게 유리하게 마무리할 수 있을지 없을지는 이 장의 맨 마지막에 밝혀질 것이다.

대체로 직장은 위계질서가 결정적인 힘을 발휘하고, 자리다툼이 치열하며, 음모가 난무하는 곳이다. 그곳에서는 겉만 번지르르한 말이 훌륭한 해결책을 가로막거나 결단력 부족으로 프로젝트 전체가 물거품이 되는 일이 자주 발생한다. 직장이 그런 곳일 수밖에 없다는 말은 아니다. 그러나 직장은 그런 곳일 수 있고, '흔히' 그런 곳이다. 직장에서 어떤 일들이 결정될 때 경쟁력과 논리, 합리성은 보조적으로만 작용한다. 팀 내에서, 부서 내에서, 회사 내에서 당신의 지위는 경쟁력과 논리, 합리성을 따지기 전에 이미 정해진다.

직장생활에서 당신의 지위행동은 승진, 연봉, 동료들이 당신을 대하는 마음가짐, 당신에게 주어지는 업무 등에 결정적인 영향을 미친다. 지금 우리가 논하는 지위는 직급에 따른 서열이 아니라 당신이 자신의 성격에 따라서 채택한 지위다.

insert 직책의 서열이나 명칭, 재산, 사치품, 제복, 박사학위는 성공적인 지위놀이를 위한 필수요소가 아니다. 무대에 선 진정한 주인공은 당신의 '성격'이다.

앞 장에서 살펴본 일상의 지위놀이들은 대개 한 번 만나고 말 사람들을 상대로 벌이는 놀이였다. 우리는 그 상대들에게 종속되지 않으므로, 그들의 반응이 우리의 장기적인 행복과 불행에 영향을 미치지 않는다.

반면에 직장생활에서의 지위놀이는 전혀 딴판이다. 이 경우에 우리는 상급자들에게 철저히 종속되어 있고, 호감이 안 가는 동료들과도 지속적으로 관계해야 하며, 자신이 능력에 비해 보잘것없는 역할을 맡았다는 생각을 품기도 한다. 직장에서는 우리뿐 아니라 동료들의 지위놀이도 벌어진다. 우리는 동료들을 잘 알고, 동료들도 우리를 잘 안다. 직장생활에서 우리는 항상 같은 사람들에게 영향을 미치고, 그 사람들도 우리에게 끊임없이 영향을 미친다.

 지위는 양방향으로 힘을 발휘한다. 나 자신에게도 발휘하고, 타인에게도 발휘한다.

그래서 발생하는 결과 중 하나가 '관례'다. 직장에서의 만남과 논의, 분쟁 등은 과거 사례들에 따라서 처리된다. "또 그 문제로군." 또는 "이건 내가 잘 아는 업무야." 또는 "다시는 이런 식으로 처리하지 말아야지." 등과 같은 생각이나 말을 직장인들은 거의 매일 한다. 이 말들은 대화와 토론, 면담 등이 어떻게 진행될지 예측할 수 있다는 점을 시사한다. 관례로 굳은 지위놀이들은 쉽게 극복되지 않으며 지위 바꾸기를 어렵게 만든다.

일상에서는 만남과 관계가 일시적인 반면 직장은 그렇지 않다. 따라서 지위놀이를 연습하고 실행하기가 훨씬 어렵고 위험하다. 직장 동료들로 이루어진 사회 집단은 짜임새가 더 탄탄하기 때문에 개인적인 변화가 용인되기 어렵다. 설령 된다 하더라도, 많은 반발과 주저 끝에서야 가능할 것이다.

이제 우리가 진입하려는 무대는 매우 광활하고 긴장되는 곳이다.

당신의 팀은 커다란 과제를 훌륭하게 완수했다. 보고회에서 발표도 훌륭하게 했다. 직원 모두가 만족했고, 사장은 칭찬을 하며 프로젝트의 진행과 어려운 세부 문제들의 해결에 대해서 묻는다. 그런데 팀장이 자신의 공로만을 내세우면서 다른 팀원들의 공로를 은폐한다. 다른 팀원들의 기여는 눈에 띄지 않게 되고, 모든 업적을 팀장이 독차지한다.

실제로 이런 일이 벌어진다면, 당신은 다음과 같은 행동들 중 하나를 취할 수 있다.

- 방관한다.
- 발언할 기회가 오는 즉시 사장에게 과제는 팀 전체의 공로로 완수되었다고 알린다.
- 과제가 팀 전체의 공로였다는 발언을 하도록 다른 팀원들을 부추긴다.
- 팀장의 설명에 근본적으로 동의한다고 덧붙이면서 당신의 공로를 추가로 언급한다.
- 다른 팀원들과 연대하여 나중에 팀장에게 복수한다.
- 나중에 사장과 대화할 기회를 만들어 당신 자신의 공로를 알린다.
- 나중에 사장과 대화할 기회를 만들어 팀 전체의 공로를 알린다.

이 조항 가운데 어느 것을 선택하느냐는 현재 팀 내에서 당신이 차지한 지위와 무관하지 않다. 당신의 지위는 당신의 생각과 행동을 좌우한다. 또한 당신의 반응을 동료들이 어떻게 받아들이고 평가할지, 즉 동료들이 당신의 행동에 고무될지 아니면 무관심할지에도 영향을 끼친다.

더 나아가 당신의 지위는 당신 자신에게도 영향을 끼친다.

당신은 자신감 있게 조종키를 움켜쥘까, 아니면 밝은 조명 아래로 나서기를 두려워할까?

내 지위가 나 자신에게 끼치는 영향

내 지위는 나의 느낌과 생각에 지대한 영향을 끼친다. 내가 집단에서 환영받고 잘 동화되면, 나는 편안함을 느끼고 자유롭게 생각한다. 반대로 별로 환영받지 못하고 동화되지 못하면, 편안하지 않고 생각이 어수선해진다. 특히 스트레스를 받는 상황에서는 명확한 생각을 하기가 어렵다. 집단에서 환영받는 상태와 그렇지 않은 상태를 구분할 줄 모르는 사람은 없다. 첫 번째 상태가 얼마나 편안하고 두 번째 상태가 얼마나 불편한지 누구나 안다. 또한 누구나 그 두 상태가 어떤 작용을 일으키는지 안다.

나의 느낌과 생각은 내가 사람들을 대하는 방식에 영향을 끼친다. 예를 들면, 나는 불안해 보이는 사람들을 별로 진지하게 대하지 않는다. 나는 불친절한 사람들을 꺼리며, 친절해 보이는 사람들과의 대화를 반긴다. 나는 우호적인 느낌을 주는 사람들에게 관심을 기울이고 그들과 함께 있기를 좋아한다.

느낌이 지위에 미치는 영향과 지위가 느낌에 미치는 영향은 자주 악순환 고리를 형성한다. 왜냐하면 흔히 우리는 느낌과 지위의 상호작용에 무기력하게 휩쓸리기 때문이다.

팀장이 공로를 독차지한 앞의 상황을 되짚어 보자. 내가 팀에서 지위가 높고 인정받는 구성원이라면, 나는 별다른 어려움 없이 나 자신과 팀의 공로를 내세울 수 있다. 나는 적당한 기회에 확실하고 품위 있게 개입하여 적절한 발언으로 나와 팀원들이 마땅히 받을 인정을 받아 낼 것이다.

반면에 내가 팀에서 지위가 낮고 인정받지 못하는 구성원이라면, 나는 감히 나서지 못한다. 혹시라도 갈등을 일으키고 트집쟁이로 낙인찍히거나 엉뚱한 말을 한다는 핀잔을 들을까 봐 두려워할 것이다. 따지고 보면 내가 옳다고 확신할 수도 없고, 팀장이 부당하게 공로를 독차지한다고 생각하는 사람도 나 혼자뿐일 수 있다는 생각을 할지도 모른다.

 내 지위는 나의 느낌에, 내 느낌은 나의 지위에 결정적인 영향을 끼친다.

내 지위가 동료들에게 끼치는 영향

나는 동료들에게 반응하고, 동료들은 나에게 반응한다. 동료들의 반응은 내가 확보할 수 있는 행동의 폭에 큰 영향을 미친다.

나의 지위가 발휘하는 힘은 존중과 호감이라는 두 가지 변수에 토대를 둔다. 일상에서 존중과 호감은 항상 대립하는 것처럼 보인다. 흔히 우리는 존중을 요구하고 받아 내는 사람들에게 거의 호감을 느끼지 않으며, 우리가 호감을 느끼는 사람들을 그다지 존중하지 않는다.

호감은 충분하지만 존중이 부족한 관계는 특히 사적인 영역에서 두드러진다. 둘러보면 서로 사랑하는 사람들이 더 자주 싸운다. 사소한 일로 시작된 싸움이 종종 큰 문제로 확대되기도 한다. 사랑하는 사람들끼리는 상대방의 의견이나 능력을 존중하는 자세를 취하기가 어렵다.

반대로 직장생활에서 사람들은 꽤 자주 본심에 반하는 결정에 기꺼이 동의한다. 자신보다 성취력이 강한 동료나 상사의 의견을 존중하기 때문이다. 그러나 그런 동료나 상사는 우리의 동료애를 거의 얻지 못한다.

이제 살펴볼 예는 호감과 존중이 함께 관여하는 연습과제다. 우리는 이 예를 다루면서 아래의 두 영향에 주목할 것이다.

① 내 지위가 나 자신에게 미치는 영향
 - 이 상황에서 나는 나 자신을 어떻게 느낄까?

② 내 지위가 다른 사람들에게 미치는 영향
 - 내가 이렇게 혹은 저렇게 반응하면, 사람들은 나를 어떻게 느낄까?

귀찮은 일을 떠넘기기를 좋아하는 동료가 있다. 그 동료는 당신과 직급이 같다. 당신의 상사도 아니고, 당신에게 지시를 내릴 입장도 아니다. 그럼에도 그는 너무 바쁘다고 앓는 소리를 하거나 아주 우아하고 능숙하게 도움을 청하면서, 자기가 해야 할 일을 당신에게 자주 떠넘긴다. 때로는 그 일을 당신이 훨씬 더 잘하니까 당신이 맡는 것이 당연하다는 견해를 설득력 있게 제시한다. 그런데 그가 떠넘기는 일은 항상 다들 귀찮아하는 일이다. 다시 말해 그가 위임하는 일의 지위는 낮다. 동료와 당신은 직급이 같음에도 불구하고, 동료는 일을 떠넘김으로써 자기가 높고 당신이 낮은 지위 차이를 만들어 낸다.

앞서 과장급 의사들의 지위놀이가 이루어졌던 열차 장면S#.4에서 생생히 드러났듯이, 지위가 완벽하게 평등한 경우는 결코 없다. 만일 지위가 완벽하게 평등한 상황이 있다면 그 상황에서 사람들은 어떤 행위도 주고받지 못할 것이다. 그러므로 지위 차이 만들기는 비난받을 행동이 아니라 필수적인 행동이다.

지위 차이가 작으면 작을수록 지위놀이는 더욱 흥미로워진다. 지위 차이가 큰 상태에서 벌이는 놀이는 무슨 일이 어떻게 진행될지가 처음부터 정해져 있기 때문에 긴장감이 거의 없다. 반면에 지위 차이가 작으면, 승리를 거머쥐고 서열을 뒤바꿀 기회가 모든 참여자들에게 제공된다. 지위가 낮고 귀찮은 일을 당신에게 수완 좋게 떠넘기는 동료를 상대로 지위놀이를 벌인다면, 확실히 흥미진진한 상황이 연출될 것이다.

어떤 식으로 지위놀이가 펼쳐질까? 당신은 어떤 감정으로 어떻게 행동할까? 몇 가지 가능성들을 열거해 볼 수 있다.

- 당신은 동료가 귀찮은 일을 매번 떠넘기는 것에 화가 나지만 어떻게 항의해야 할지 모른다.
- 동료의 요청을 거절할 수 없다. 동료에게는 온갖 잡무를 대신해 줄 사람이 진정으로 필요하다. 당신은 동료보다 잡무를 더 쉽게 처리할 수 있으므로, 당신이 얼른 해치우는 것이 당연하다.
- 동료의 처지를 이해하지만 당신 자신도 할 일이 너무 많고 지쳤다. 그래서 유감이라고 정중히 밝힌 다음, 당신이 처리하는 사소하고 힘든 일들에 대해서 자세히 수다를 떤다. 그러면서 대화가 지나치게 오래 지속되도록 만든다.
- 동료가 떠맡기려 하는 일을 수행하는 방법을 자세히 설명하고 다시 한번 아주 사소한 부분까지 일일이 설명한다. 그러면서 약간 비꼬는 말투를 섞는다.
- 근로자협의회에 문의했더니 이 일을 떠맡지 말라는 답변을 들었다고 동료에게 말한다.
- 이제 더는 동료의 뒤치다꺼리를 해 주지 않을 것임을 확실하고 단호하게 말한다.
- 당신처럼 번번이 일을 떠맡는 동료들과 연대하여 그 파렴치한 동료를 비난하고 더 이상 그의 놀이에 동참하지 않기로

합의한다.

당신은 근본적으로 어떤 방향을 선택할까? 완고한 태도 취하기를 마다하지 않고 당신의 뜻을 관철할까? 갈등을 일으키느니 차라리 꾹 참고 말까? 혹시 너무 완고하게 행동하지 않으면서도 놀이를 당신에게 유리하게 전환시킬 길이 있을까? 아마 있을 것이다.

당신의 승리를 위해 반드시 필요한 것은 강한 의지와 거기서 나오는 전략이다. 당신의 목표는 무엇이며, 그 목표에 도달하기 위해서 어떻게 행동할 것인가?

지위다툼에 뛰어들 것인가, 아니면 개별 분쟁상황과 무관하게 목표를 추구할 것인가? 때에 따라 세부적인 성취를 포기하고 일시적으로 물러날 것인가, 아니면 처음부터 모든 에너지를 쏟아부어 일이 당신 생각대로 흘러가도록 만들 것인가? 큰 그림에 초점을 맞추면서 우회할 것인가, 아니면 가장 빠른 길로 신속하게 전진할 것인가?

목표를 향해 나아가는 당신에게 직장 상사들이 걸림돌이 되지 않으려면 어떻게 해야 할까?

자신보다 지위가 월등히 높은 의뢰인을 상대하는 프리랜서에게 유익할 만한 사례를 하나 살펴보자.

당신은 의뢰인들을 만족시키기 위해 일하는 서비스업 종사자다. 몇 년 전부터 일거리가 많아지기 시작했고, 당신의 서비스는 의뢰인의 기대에 어김없이 부응했다.

그런데 어느 날 당신은 여러 번 거래한 고객으로부터 전화를 받는다. 그 고객은 어느 대기업의 사장이다.

"우리 이야기 좀 합시다. 알고 보니 당신이 받는 돈이 너무 많더군요. 똑같은 서비스를 제공한다는 다른 업체 광고를 발견했는데, 요금이 당신네의 절반이에요."

보아하니 오늘 일진이 나쁜 듯한 고객이 이렇게 덧붙여 상황은 더욱 위태로워진다.

"내가 오랫동안 그렇게 많은 돈을 지불해 온 것을 생각하니까, 기분이 상당히 나쁩니다."

심상치 않은 상황이다. 나쁜 결과가 우려된다.

다행히 당신은 이미 그 고객과 장기계약을 맺었고 계약 내용을 공증받기까지 했다. 하지만 고객은 당신의 서비스에 불만을 토로하면서 계약을 문제 삼는다. 물론 그러는 이유는 당신의 서비스가 나빠서가 아니라 계약에서 벗어나기 위해서다. 그러나 당신은 다른 업자가 고객이 요구하는 수준의 서비스를 제공하려면 비용과 시간이 많이 드는 준비단계를 거쳐야만 한다는 점을 안다. 또한 당신의 서비스는 누구보다 탁월하다는 자부심을 갖고 있다.

그러므로 실제로 당신과 고객의 지위 차이는 고객의 말을 듣고 얼핏 드는 생각만큼 크지 않다. 물론 고객과의 관계에서 서비스업자는 언제나 일단 낮은 지위에 처한다. 지금 고객은 전화로 공격을 시작하여 당신과의 지위 차이를 벌렸다. 이제 당신의 과제는 갑자기 너무 커져 버린 지위 차이를 줄이는 것이다.

당신의 내면은 어떻게 움직이고 있는가? 이것이 가장 중요한 질문이다.

당신은 어떤 태도와 목표로 고객과 대화하고 향후 서비스 요금을 협상할 것인가?

가능한 반응들은 다음과 같다.

① 무슨 일이 있어도 계약을 유지하기 위해서 고객이 제시하는 조건들에 기꺼이 동의한다. 불가피할 경우, 요금을 고객의 요구보다 10퍼센트 더 인하한다.

② 투덜거리면서 요금을 25퍼센트 깎아 주겠다고 말한다.

③ 망설임 없이 계약을 준수하라고 못 박는다.

④ 고객이 서비스의 질을 평가하지 않는 것에 실망을 표하면서 이제껏 성공적으로 이루어진 거래들을 언급하고 흥미로운 추가 서비스를 제안하여 요금 인하가 아니라 인상을 꾀한다.

이 네 가지 반응 각각이 어떤 지위 유형과 어울리는지 맞혀 보라.

정답	
	① 순응형-내면 지위 낮음, 외면 지위 낮음
	② 허세형-내면 지위 낮음, 외면 지위 높음
	③ 공격형-내면 지위 높음, 외면 지위 높음
	④ 성취형-내면 지위 높음, 외면 지위 낮음

STATUS **2장** SPIELE

신체언어

사람들은 타인의 신호를 매우 정확하게 읽어 낸다. 만일 그 본능적인 능력을 의식적으로 발휘할 수 있다면, 주어진 상황에서 의식적으로 신체언어를 사용할 최선의 전제조건을 갖춘 셈이다. 적절한 신체언어 사용 능력은 직장생활에서 큰 효과를 발휘한다. 신체는 무슨 말을 어떻게 할까?

낮은 지위의 자세

우리가 생각하고 느끼거나, 말하고 행동할 때 몸은 끊임없이 움직이며 우리의 내면 지위를 드러낸다. 우리는 그 움직임들을 통해 사회 안에서 특정한 지위를 차지한다.

132

그 움직임들은 자의적이지 않다. 몸이 무의식적으로 춤을 추는 것처럼 각각의 움직임은 고유한 의미를 지니고 특정한 지위를 드러낸다.

그렇다면 낮은 지위의 자세에는 어떤 것들이 있을까?

얼굴과 머리 만지기

자기 자신의 몸을 만지는 행동(손으로 팔이나 목을 만지기, 두 손을 맞잡고 꼼지락거리기 등)은 지위를 낮추는 몸짓이다. 그런 행동은 불안이나 흥분, 당황을 드러낸다. 그중 가장 주목할 만한 것은 얼굴과 머리를 만지는 행동이다. 이 행동은 회의나 면담 같은 자리에서 다양한 형태로 아주 흔하게 관찰된다.

우리는 언제 얼굴과 머리를 만질까? 그 몸짓은 어떻게 이루어지며, 무엇을 의미할까?

얼굴과 머리 만지기는 대체로 낮은 지위의 몸짓이다. 손으로 이마 받치기, 뺨이나 턱에 손가락 대기, 귀 잡아당기기, 코나 머리 긁기, 머리카락 만지작거리기 등도 낮은 지위의 몸짓이며, 특히 손톱 깨물기는 낮은 지위의 대표적인 몸짓이다.

이런 몸짓들은 반론의 여지없이 불안, 수줍음, 망설임, 당황, 고민 등의 감정으로 해석된다. 하지만 앞으로의 논의에서 이런 식의 해석은 별로 중요하지 않다. 우리가 주목할 것은 그 몸짓들이 지위와 관련해 어떤 의미를 가지고 있는가의 문제다.

낮은 지위의 몸짓들은 동물들에게서도 관찰될 정도로 자연스럽다. 예를 들어 고양이는 방에 들어설 때 가끔 이런 행동을 한다. 방에 들어온 다음에 한가운데 앉아 귀를 긁는 것이다. 이 몸짓은 "나는 사냥하는 중이 아니야. 평화롭고 좋은 상태야."라는 뜻이다.

회의 중 어떤 사람이 질문을 받고 대답에 앞서 아주 잠깐 자기 코에 손을 대거나 아랫입술을 깨물고 손가락을 입에 가져다 대는 장면을 한번 상상해 보자. 인간의 경우, 바로 그런 몸짓들이 지위를 낮춘다. 당황했거나 두려울 때, 그게 아니면 무난한 분위기를 바랄 때 나오는 몸짓이다. 이런 몸짓들을 통해서 우리는 완전히 무의식적으로 우리 자신이 방금 허튼소리를 했다거나 호락호락한 사람이라는 신호를 보낸다.

인간의 문화에는 그런 신호들과 미묘한 관례들이 많이 있는데, 그것들은 분위기를 평화롭게 만들고 유지하는 데 기여한다.

공항의 흡연실에 가면 화기애애한 분위기를 뚜렷하게 느낄 수 있다. 직접 가 보면 좋겠지만, 만일 당신이 비흡연자라면 흡연자 친구에게 물어보라. 대부분은 흡연실의 분위기가 편안하다고 말할 것이다. 흡연실에 마주 앉은 사람들은 아주 신속하게 말문을 트고, 그곳에선 말다툼이 거의 일어나지 않는다.

여러 이유가 있겠지만, 한 가지 이유는 사람들이 끊임없이 낮은 지위의 몸짓을 내보이기 때문이다. 흡연은 관례로 정착된 얼굴 만지기라고 할 수 있다. 그러므로 흡연은 평화로운 분위기를 형성하고 소통의 장벽을 허무는 데 크게 기여한다. 평화를 위한 흡연은 일찍이 북아메리카 인디언들이 고안한 원리다. 단, 사장이 시가나 파이프를 피우는 행동은 예외다. 그 행동은 낮은 지위의 신호인 동시에 높은 지위의 신호다.

친구들이나 직장 동료들이 함께 밥을 먹거나 차를 마시는 행동도 비슷한 효과를 발휘한다. 이런 행동은 평화와 단결을 북돋는 행동이다. 그래서 우리는 그 시간을 중시한다. 이 경우에도 사람들의 관례화된 낮은 지위 몸짓, 즉 반복적인 얼굴 만지기가 평화로운 분위기를 형성하는 데 영향을 미친다.

이 예는 낮은 지위가 결코 높은 지위보다 가치가 떨어지지 않다는 점을 보여 주는 좋은 예다. 사실 우리의 일상은 낮은 지위가 매우 중요한 상황들로 짜여 있다. 사람들이 끊임없이 높은 지위 몸짓을 주고받는 식사 자리를 한번 상상해 보면 알 수 있다. 과연 즐거운 식사 시간이 될 수 있을까?

대화 도중에 안경을 벗어 손에 드는 행동처럼 자기 얼굴 만지기가 높은 지위 몸짓인 경우도 있다. 흔히 나이 든 사람들이 하는 이 행동은 보통 노안 때문에 발생한다. 노안인 사람들이 상대방을 자세히 보려면 돋보기를 벗어야 한다. 상대방을 똑바로 바라보는 것은 높은 지위를 차지하기 위한 필수조건이다.

관례에서 어긋나는 또 다른 높은 지위 몸짓으로는 잠깐 콧구멍이나 귓구멍을 후비는 것이 있다. 이 몸짓은 상대방을 얕잡아 본다는 의미를 노골적으로, 정확하게 전달한다. 손톱 밑의 때를 후비는 동작도 같은 효과를 발휘한다. 이 동작은 옛날 서부영화에서 악당의 우두머리가 인질을 상대로 즐겨 사용했다.

 지위가 높은 사람은 일부러 그렇게 할 때를 제외하면 자기 얼굴을 거의 만지지 않는다.

사람들과 대화할 때 앞에 언급한 낮은 지위 몸짓들을 하면서 어떤 느낌이 드는지 한번 느껴 보자. 손으로 이마를 받치거나 코를 긁거나 손가락으로 머리카락을 만지작거리거나 손톱을 깨물 때 당신은 자동적으로 어떤 지위를 차지하게 될까?

처음 연습은 당신이 신뢰할 수 있는 사람을 상대로 가볍게 해야 한다. 그런 다음에 실제 상황에서 시도하는 것이 좋다. 단계적인 연습은 집중력을 높이고 발생하는 '느낌'에 익숙해지게 한다. 충분한 연습을 거치고 나면 당신의 행동이 사람들에게 어떤 영향을 끼치는지 예리하고 정확하게 관찰할 수 있다.

여기서 중요한 점은 본능과 감각을 집중하여 자신의 느낌과 사람들의 반응을 살피는 것이다. 상대방의 몸짓과 표정을 보면 상대방이 당신의 지위를 어떻게 파악하고 있는지가 보인다. 다시 말해, 상대방이 당신보다 높은 지위를 차지했는지 아닌지를 본능적으로 알아챌 수 있다.

지위 연습을 처음 시작할 때는 약간 어렵고 혼란스럽다. 하지만 걱정할 필요는 없다. 연습을 거듭하다 보면 곧 자신감을 얻을 것이다.

고개를 옆으로 기울이기

당신이 호텔 프런트에 다가간다. 카운터 직원이 미소를 지으며 인사말을 건넴과 동시에 머리를 옆으로 약간 기울인다. 친절과 호감을 표현하는 동작이다. 이렇게 말하는 것과 같다. "나는 당신을 해칠 마음이 없습니다. 당신도 나를 해치지 마세요."

이 몸짓이 전달하는 신호는 못 알아채는 사람이 없을 정도로 강력하다. 그럼에도 이 몸짓이 원하는 효과를 발휘하지 못할 때가 있다. 몇몇 사람들은 그런 낮은 몸짓에 거만하게 반응한다. 하지만 대부분의 사람들은 그 신호를 차분히 포착하고서 친절하고 우호적인 방식으로 부담을 주지 않는 소통을 시작한다.

고개를 옆으로 약간 기울이는 몸짓을 하면, 순전히 지위놀이의 속성 때문에 불가피하게 존중을 잃지만 그 대신 호감을 얻는다. 더 나아가 그 몸짓은 스트레스를 줄이거나 아예 피하는 좋은 방법이다. 그러나 당신이 보인 낮은 몸짓에 상대방이 심술궂게 반응한다면, 그때는 고개를 똑바로 세워도 좋다.

 '자세'는 내면의 마음가짐과 외면의 모습을 아울러 일컫는 말이다. 내면의 마음가짐은 내면의 자세이고 외면의 모습은 외면의 자세다. 가장 이상적인 상태는 두 자세가 일치하는 것이다.

다리 떨기

대화 도중에 어떤 사람이 다리를 떨기 시작한다. 그가 무슨 말을 하면, 진실성이 느껴질까? 가만히 앉아서 말하는 사람과 비교하면 누가 더 믿음직스럽게 느껴질까?

다리 떨기는 확실히 지위를 떨어뜨리는 몸짓이다. 그 몸짓은 산만함의 표현으로 해석된다.

처진 어깨

동료가 직장에 들어선다. 당신은 그 동료에게 문제가 있음을 곧바로 알아챈다. 동료의 상체가 약간 굽었고 어깨가 처졌기 때문이다. 이 자세는 동료가 실망과 우울을 느끼고 있음을 말해 준다. 동료가 가끔 그 자세를 취한다면, 당신은 아마 도움의 손길을 내밀 것이다. 그러나 동료가 너무나 자주 그 자세를 취한다면, 그 자세는 그의 표준적이고 익숙한 모습으로 비출 것이다. 그렇게 되면 동료는 곧 존중을 잃는다. 아마 당신은 속으로 그 동료를 안타깝게 여기겠지만, 동료가 인내심이 강하고 진취적이며 야망이 있다거나 영리하다고 여기지는 않을 것이다.

축 늘어진 자세를 한 사람들은 어느 직장에나 있다. 그런 사람들에게 당신이 어떻게 반응하는지 스스로 관찰해 보라.

의자 끄트머리에 걸터앉기

회의 중간 휴식시간에 사람들이 로비에서 만난다. 대부분은 소파에 편안히 등을 기대고 앉는다. 그런데 한 사람은 소파 앞 끄트머리에 걸터앉는다. 편히 앉은 사람들에 비해서 어딘가 불안해 보인다. 사람들은 그가 편치 않다는 것을 알아채고, 그의 지위는 낮아진다. 그에게 말을 거는 사람은 거의 없다. 그는 그런 자세를 취함으로써 스스로를 격리했다. 사람들은 그가 스스로 선택한 자세와 지위를 알아채고 거기에 맞게 반응한다.

양손을 포개어 무릎 위에 놓기

의자 끄트머리에 걸터앉고, 추가로 양손을 무릎 위에 포개어 얹으면 효과는 더 커진다. 이 자세가 전달하는 신호는 곤경에 처했음을 알리는 신호에 가깝다. 한번 이 자세를 취하고 어떤 느낌이 드는지 확인해 보면 알 수 있을 것이다. 이 자세는 사람을 무기력하게 만든다.

급한 동작

대부분의 사람들은 흥분하면 동작이 빨라지는 경향이 있다. 물컵을 쏟았을 때, 우리는 최대한 빨리 사태를 무마하기 위해 엎질러진 물을 급히 닦는다. 그러면서 종종 산만하고 엉뚱한 동작을 섞어 실수를 추가한다.

급한 동작은 우리가 불편할 때 자동적으로 발생해 불편함을 더욱 가중시킨다. 운동선수나 무용수, 서커스단원 등과 같은 예외적인 경우를 제외하고 대체로 급한 동작을 하는 사람은 볼품이 없다.

분주한 행동

식당 종업원이 우리에게 인사말을 건네는 와중에 손으로 테이블보를 쓸어 주름을 펴다가 곧 새 테이블보를 깔아드리겠다고 말하면서 다른 직원에게 큰 소리로 도움을 청한다. 나중에 우리가 식사 중일 때, 그 종업원이 여러 번 나타나 불편한 점은 없느냐, 음식에 만족하느냐, 원하는 것은 없느냐를 묻는다.

세심함과 분주함은 비슷하지만 효과는 전혀 다르다. 세심한 종업원은 우리를 편안하게 만드는 반면, 분주한 종업원은 불편하게 만든다. 따라서 우리는 자동적으로 세심한 종업원을 존중으로 대하고, 분주한 종업원을 귀찮게 여긴다. 우리는 종업원이 우리를 대접해 주기를 바라지만, 우리에게 헌신하기를 바라지는 않는다. 헌신하지 않고 대접하는 종업원은 너무 낮은 지위를 취하지 않는다. 종업원이 너무 낮은 지위를 취하면, 종업원과 손님 사이의 지위 차이가 부적절하게 커져서 놀이의 조화가 깨진다.

 지위놀이는 항상 정교한 내적 안무에 따라서 진행된다. 놀이에 참여하는 각자에게는 엄격히 정해진 활동범위가 있다. 각자가 그 범위 안에서 움직일 때 지위놀이는 조화로워진다. 어떤 참여자가 자신의 범위를 벗어나면, 다른 참여자들은 불편해진다.

높은 지위의 자세

우리의 몸자세는 낮은 지위뿐만 아니라 높은 지위도 드러낸다. 높은 지위를 선호하는 사람들의 자세와 동작은 평범한 사람과는 확실히 다르다. 그들은 자신의 지위를 알리는 것 외에 별다른 기능이 없는 독특한 자세와 과장된 동작을 취하곤 한다.

그 신호체계는 바로크시대의 귀족들에 의해 완성되었다. 당시 궁정에서 가장 중시되었던 행동은 제때 올바른 위치에 옳은 자세로 서서 자신의 지위에 적당한 만큼 오래 머무는 것이었다. 남작은 백작과 다르게 섰고, 백작은 공작과 다르게 섰으며, 공작은 군주와 다르게 섰다. 사람들은 엄격한 규칙에 따라 앉거나 서고 시선을 들거나 깔았으며, 누구나 자신에게 맞는 몸짓들을 완벽하게 익혔다.

이 몸짓들의 일부는 오늘날 직장생활에서까지 끈질기게 살아남아 과거 못지않게 중요한 역할을 하고 있다.

고개 들기

당신은 동료와 대화 중이다. 동료는 당신의 말을 귀 기울여 들으면서 고개를 약간 쳐든 자세를 유지한다. 무슨 일이 일어날까?

당신은 불안해진다. 당신은 모종의 지위 배치를 염두에 두고 대화를 시작했는데, 지금 상대방은 그 배치를 벗어나 자신의 지위를 높였다. 동료의 몸짓은 그가 경청하는 입장이 아니라 평가하고 심판하는 입장이 되었음을 명확하게 알리는 신호다. 게다가 동료의 눈도 말을 한다. 그의 눈을 보면, 그가 동의하는지 동의하지 않는지를 읽어 낼 수 있다.

시험 삼아 이 몸짓을 해 볼 때는 반드시 절제할 필요가 있다. 고개를 아주 약간만 쳐들어도 효과는 충분히 발휘된다.

비슷한 맥락에 있는 또 다른 몸짓으로 갑자기 머리를 뒤로 빼는 동작이 있다. 누구나 알겠지만, 이 몸짓은 강한 부정을 의미한다.

똑바로 서기

당신은 손님이나 직장 상사를 기다리는 중이다. 상대방이 나타나기 직전에 당신은 똑바로 선다. 몸을 구부정하게 늘어뜨린 자세를 취하지 않으려고 유의한다. 그런 자세를 취하면 지위가 너무 낮아져서 상대를 만나기에 부적절할 것이기 때문이다. 적당히 긴장하지 않는 것은 무례한 행동일 수 있다.

우리가 과제를 해결해야 하거나 도전에 응해야 할 때, 우리는 몸을 곧추세우고 긴장을 유지한다. 그러면 내면 지위가 높아진다. 그 자세를 갖추면 우리는 겁먹은 어린아이의 마음이 사라진다. 자세가 그런 마음을 허용하지 않는다.

도전에 응할 준비가 되었음을 알리는 신호를 더 강력하게 보내려면, 다리를 약간 벌릴 수 있다. 다리 사이의 간격이 넓을수록 더 강하게 결단한 듯한 인상을 준다. 하지만 그 간격이 어깨 폭보다 커지는 순간, 기대한 효과는 완전히 사라진다.

영화에 나오는 영웅들은 커다란 과제를 해결해야 할 때 몸을 똑바로 세우고 다리를 약간 벌린 자세로 선다.

느긋한 동작

사무실이나 건설 현장, 식당, 상점처럼 엄청나게 바쁜 공간에서도 평정을 유지하는 사람은 다른 사람들의 신뢰를 얻는다. 그는 다른 사람들이 더 빨리 움직일 때 더 천천히 움직이거나 원래 속도를 유지한다. 단, 의욕이 없거나 피곤하고 맥이 빠진 듯한 인상을 풍기는 사람에게는 느긋한 동작이 효과가 없다. 당신이 신중하거나 목표가 뚜렷하고 확신에 찬 인상을 주는 사람일때, 느긋한 동작은 당신의 지위를 높인다.

영화에서는 종종 슬로모션을 이용하여 주인공의 지위를 높인다. 느린 화면에서 천천히 움직이는 주인공은 영웅답게 아름답고 멋지다. 반대로 필름을 빠르게 돌리면, 사람들의 동작은 대부분 우스꽝스러워진다.

물러나지 않기

주인공이라는 인상을 풍기면서 자신의 지위를 내세우려면

사람들과 마주칠 때 물러나지 않는 것이 좋다. 대개 사람들은 상대방이 물러나지 않으면 스스로 물러나기 마련이다.

물러나지 않은 사람은 자연스러운 흐름을 방해하기 때문에 주변의 이목을 끌게 된다. 사람들은 누군가 길을 막았다는 것을 알고 다른 길을 찾을 수밖에 없다.

한편 두 사람이 마주쳐서 똑같은 방향으로 비켜섰다가 서로를 막아서고 곧바로 반대 방향으로 비켜서서 또다시 서로를 막아서는 흥미로운 상황이 있을 수 있다. 이상야릇한 비켜서기 춤이 벌어지는 이 상황은 지위 신호들이 명확하게 오가지 않았기 때문에 발생한다. 두 사람은 동등한 지위를 채택했고, 따라서 어떤 합의도 이룰 수 없다.

이때 두 사람 모두 이 지위놀이에 진지하게 응하여 물러나지 않고 멈춰 선다면, 상황은 더욱 흥미로워질 것이다.

 자세와 지위는 밀접한 연관성이 있다. 자세만 바꿔도 지위가 순식간에 전복되는 경우가 있다.

물러나지 않기는 정신적인 의미로도 이해할 수 있다. 직장생활을 하다 보면, 누군가가 정신적으로 물러나지 않고 버티는 상황이 숱하게 발생한다. 이런 버티기는 다른 사람들의 활동을 봉쇄하므로 때로는 강력한 시위 수단으로 쓰인다.

시선은 다양하다. 부드러운 시선, 공격적인 시선, 요염한 시선, 공허한 시선, 이해할 수 없는 시선, 분노에 찬 시선, 심지어 경멸하는 시선도 있다. 우리의 눈은 다양한 감정과 생각을 확실하게 전달하는 소통수단이다. 우리는 눈이 말하도록 놔두고, 눈은 우리의 속마음을 드러낸다. 우리는 눈으로 상대의 마음을 정복하고 적을 물리친다. 그러므로 의심의 여지없이 시선은 지위놀이에서 매우 중요한 역할을 한다. 먼저 시선을 딴 데로 돌리는 행동부터 살펴보자.

누군가가 우리를 바라보고, 우리는 시선을 내리깔고 딴 데를 본다. 이때 우리의 지위는 확실히 낮다. 깊게 생각할 것 없이 느낌만으로 확실히 알 수 있다. 시선을 피하는 행위는 패배감을 동반한다.

시선 돌리기는 인간의 사회생활에 깊은 뿌리를 두고 있다. 그 몸짓은 동서양을 막론하고 굴복과 순종을 의미한다. 여러 사회에서 시선 돌리기는 남녀 관계에까지 파고들어 행동규범으로 자리 잡았다. 이 규범을 지키지 않으면 곧바로 문제가 발생한다.

오래전, 유럽 남부의 남자들은 북유럽 여자를 쉬운 연애상대, 또는 아름답지만 사랑에 굶주린 여자로 여겼다. 그 원인은 예나 지금이나 널리 퍼진 오해에 있다.

전통적인 이탈리아 여자나 스페인 여자는 남자가 바라보면 시선을 내리깔았다. 반면에 자의식이 강한 북유럽 여자는 그렇게 하지 않았다. 북유럽 여자는 호기심이나 무관심을 나타내는 시선, 또는 도전적인 시선으로 남자를 마주 보았다. 어떤 시선으로 마주 보든 간에, 중요한 것은 자동적으로 낮은 지위를 채택하지 않았다는 점이다. 자연스럽게 자신의 지위가 높다고 느끼는 유럽 남부의 남자들은 그런 여자의 행동 앞에서 혼란스러워진다. 기대했던 굴복의 신호가 오지 않기 때문이다. 그래서 그들은 온갖 터무니없는 해석을 한다.

보통 채택되는 것은 여자를 깎아내리는 해석이다. 시선을 내리깔지 않는 여자는 조신하지 않고 방탕한 여자라는 식으로 해석하는 것이다. 유럽 남부의 남자는 북유럽 여자가 자신과 동등한 지위라는 것을 생각하지 못한다. 문화적, 사회적 맥락이 그런 생각을 가로막았다.

그럼에도 북유럽 여자가 동등한 지위를 채택할 때, 안팎으로 높은 남자의 공격형 지위는 무너진다. 불안해진 남자는 내면 지위가 낮아지는 한편, 외면으로는 높은 허세형 지위를 유지하는 말과 생각에 의존해 권력을 되찾으려 한다. 이런 상태에 처한 사람들은 자동적으로 상대방을 깎아내리는 이야기를 지어내기 마련이다.

시선 내리깔기는 남녀관계 이외의 분야에서도 중요한 역할을 한다. 연설을 하는 사람도 시선을 자주 내리깐다. 어떤 사람들은 열차승무원이 승차권을 검사하러 객실에 들어오면 무의식적으로 시선을 돌린다. 숙제를 안 한 학생들은 선생님의 눈을 피하고, 무언가 잘못을 저지른 아이들은 딴 데를 보려 애쓰고, 성적인 농담을 지껄이던 남자들은 여자가 지나가면 슬그머니 시선을 돌린다.

그런데 시선 내리깔기 또는 시선 돌리기가 위험하게 변형되면 '수배자 시선'이 될 수 있다. 수배자 시선이란 딴 데로 시선을 돌렸다가 다시 흘끔 상대를 바라보는 것을 말한다. 이 시선이 어떤 위험을 초래할 수 있는지는 누구나 알 것이다.

◇◇

S#.7 파티장

당신은 낯선 집에서 벌어지는 파티에 참석하러 왔다. 문을 여니 덩치가 크고 낯선 개가 서 있다. 왠지 느낌이 좋지 않아 돌아가기로 결심한다. 그리고 무의식적으로 몸을 돌려 반대편으로 걸어간다.

◇◇

이 상황에서 당신이 다시 시선을 돌려 개를 흘끔 바라본다면, 무슨 일이 일어날까? 개가 당신에게 달려들 것이다. 개의 사냥 본능이 활성화되면 어김없이 그런 일이 일어난다.

수배자 시선은 우리의 지위가 아주 낮다는 신호다. 개는 자기를 흘끔흘끔 바라보는 우리를 사냥감으로 여긴다. 수배자 시선은 사람들 간의 관계에서도 나타난다. 예를 들어 쇼핑센터에서 사장에게 꾸지람을 듣는 젊은 수습사원이 수배자 시선을 채택하는 상황을 떠올려 보자. 심지어 손님들 앞에서 그런 상황이 벌어지기도 한다. 수습사원은 꾸지람을 듣다가 흘끔 사장을 바라보고 곧바로 다시 시선을 내리깐다. 그러면 사장은 더욱 화를 낸다.

S#.8 도로

당신은 자동차를 타고 신호등 앞에 멈췄다. 옆에 경찰차가 정차한다. 당신은 경찰관을 바라본다. 경찰관이 당신을 바라본다. 당신은 시선을 돌렸다가 다시 경찰관을 흘끔 바라본다. 당신이 그러는 모습을 경찰관이 본다.

당신이 이렇게 수배자 시선을 채택하면, 경찰관에게 검문당할 가능성이 훨씬 높아진다. 당신이 경찰관을 다시 흘끔 바라보는 순간, 경찰관은 당신이 무언가 숨기는 게 있다고 짐작한다.

간식을 먹고 싶은 강아지가 주인을 애처롭게 바라보는 시선은 훨씬 덜 해로운 반응을 불러일으킨다. 그 시선은 이런 신호를 보낸다. "나를 해치지 마세요. 나도 당신을 해치지 않아요."

강아지 눈빛의 힘은 그 시선을 채택한 사람의 매력에 좌우된다. 매력적인 사람이 강아지 눈빛을 채택하는 것과 용모가 지저분하고 보잘것없는 사람이 강아지 눈빛을 채택하는 것은 매우 다르다. 또 그 시선을 사업가에게 보내는 것과 경찰관에게 보내는 것도 마찬가지다.

흘끔 바라보고 다시 흘끔 바라보기는 인류의 존속을 지탱하는 연애 행동의 일환이기도 하다.

흘끔 바라보며 추파를 던지는 사람은 상대방을 바라보다가 시선을 돌리고 다시 바라보기를 반복한다. 이것은 자신의 지위를 낮추고 상대방의 지위를 높이는 행동이다. 만남을 성사시키기 위한 훌륭한 전술인 셈이다.

연습

당신이 직접 실험해 보면, 시선을 돌리는 당사자가 어떤 느낌을 갖는지 알 수 있다. 어떤 사람의 눈을 피해 시선을 돌리면서 속으로 단호하게 다음과 같이 말해 보자.

"이 세상은 내 것이다."

"이 세상의 일부분은 내 것이다."가 아니라 "이 세상은 내 것이다!"라고 단호하게 말해야 한다. 당신의 독백에서 얼마만큼 진실성이 느껴지는가?

자동차를 운전할 때도 신호등 앞에서 훌륭한 연습을 할 수 있다. 굳이 경찰관이 아니어도 된다. 다른 운전자들을 상대로도 연습이 가능하다. 당신 옆의 운전자를 바라보다가, 그 운전자가 당신을 바라보면 시선을 돌려 보자. 그러니까 지위놀이에서 일부러 져 보라는 말이다. 당신의 지위는 어떻게 되었는가? 이런 연습들은 한 번 보고 말 사람들을 상대로 삼기 때문에 그리 어렵지 않게 감행할 수 있다.

이런 연습도 할 수 있다. 쇼핑센터에서 붐비는 사람들을 헤치고 움직이면서 당신이 보기에 매력적인 사람에게 특별히 관심을 집중해 보는 것이다. 그 사람을 바라보다가 그 사람이 당신을 바라보면 시선을 돌려 보자. 연애 연습이 아니므로 다가가서 말을 걸지는 말아야 한다. 중요한 일은 상대의 반응과 당신 자신의 느낌을 살피는 것이다.

이 연습에 익숙해지면 시선 돌리기, 강아지 눈빛, 눈웃음치기 등, 각종 낮은 지위 시선들을 연습해 볼 수 있다.

직장에서 낮은 지위 시선을 실험하고 연습하는 것은 신뢰할 수 있는 소수의 동료를 상대로만 조심스럽게 하기를 권장한다. 그렇지 않은 동료들이 당신의 낮은 지위 시선을 약함의 표현으로 해석하고 그것을 이용하려고 달려들 위험이 있기 때문이다.

 낮은 지위 시선들은 직장생활에서 위험할 수 있다. 당신이 직접 실험하는 것보다 다른 사람들을 관찰함으로써 그 시선들의 효과를 확인하는 것이 바람직하다.

높은 지위의 시선

이번에는 평가하는 시선, 압도하는 시선, 경멸하는 시선, 다시 말해 존중을 받아냄과 동시에 호감을 잃는 시선을 살펴보자.

앞서 낮은 지위에서 제시했던 시선 돌리기는 지위를 높이는 기능을 할 수도 있다. 두 사람이 대화한다. 한 사람이 말하고, 다른 사람이 듣는다. 듣는 사람이 참기 어렵다는 듯, 갑자기 시선을 옆으로 돌렸다가 다시 상대를 바라본다. 완강하고 위협적이면서 차가운 시선으로 내려다본다.

이 시선 돌리기는 높은 지위를 차지하기 위한 행동이며 대개 성공을 거둔다. 이 행동을 통해 불과 몇 초 만에 지위 바꾸기가 이루어진다. 갑자기 지위가 낮아진 사람이 그 시선을 기분 나쁘게 여겨 항의할지도 모른다. 그러나 보통 그 항의는 의미가 없다. 이미 낮은 지위에서 제기하는 항의가 되어 버렸기 때문이다.

이 기술은 얼마나 큰 힘을 발휘해야 하느냐에 따라 단계별로 다르게 적용할 수 있다. 가장 약한 첫 단계는 흔히 볼 수 있는 행동으로, 상대의 말을 들으면서 짐짓 애원하듯이 위를 바라보는 것이다. 또는 시선을 딴 데로 돌릴 수도 있다. 이 행동으로 지위가 낮아진 상대방은 자동적으로 반응한다.

반응의 양상은 다양하다. 겁을 먹으면서 패배감을 느낄 수도 있고, 왜 다른 곳을 보냐며 신경질적으로 나올 수도 있고, 뭐 이따위 인간이 있냐는 식으로 화를 낼 수도 있다. 어쨌든 이런 반응들은 기술이 먹혔다는 증거다. 경멸하는 시선, 기분 나쁜 시선, 얕잡아 보는 시선이 효과를 발휘한 것이다. 기술을 쓴 사람은 호감을 잃는 대신 존중을 얻으며 높은 지위를 차지한다.

좀 더 강한 다음 단계는 빤히 바라보기다. 상대방을 똑바로 응시하면 지위가 높아진다. 상대방은 불편해지고 때로는 위협을 느낀다. 심지어 우리를 빤히 바라보는 것이 평소에 높은 지위로 인정받지 못하는 사람일 때조차도, 우리는 자동적으로 심각하게 반응하며 낮은 지위를 채택한다. "그렇게 쳐다보지 마세요." 또는 "뭘 보는 거야?"라고 반응할 때, 우리의 지위는 낮아진다.

직장생활을 하다 보면 높은 지위의 시선이 필요한 상황을 숱하게 겪게 된다. 조금만 돌이켜 보면, 그런 상황들을 생각해 낼 수 있을 것이다.

연습

우선 명심해야 할 점이 있다. 당신은 이 연습으로 인해 단기적으로 상당히 많은 호감을 잃을 수 있다.

이제 모진 권력놀이를 시작해 보자. 상대방이 시선을 돌릴 때까지 상대방을 빤히 바라보는 것이다. 상대방이 시선을 돌리면, 승리감에 도취되지 말고 상대방의 반응을 정확히 관찰해야 한다. 이 기본적인 권력놀이는 아무 준비 없이 언제나 시작할 수 있다. 하지만 일상에서만 연습하고, 직장에서는 당신이 정말로 자기를 방어해야 할 때나 상대방을 궁지로 몰아야 할 때처럼 적절한 상황에서만 실행하는 것을 추천한다.

다음 연습과제는 상대방이 이야기를 할 때 시선을 딴 데로 돌려 보는 것이다. 상대방은 어떻게 반응할까? 당신 스스로는 어떻게 느낄까? 역할을 바꿔서도 해 보자. 당신이 말을 할 때 시선을 다른 곳으로 돌리라고 동료에게 부탁하는 것이다. 그렇게 해 보면, 그 몸짓이 얼마나 큰 충격을 주는지 느낄 수 있다. 그저 놀이일 뿐이고 상대방의 몸짓은 당신이 요청한 것에 불과한데도 당신은 아주 큰 타격을 받을 것이다.

 지위는 언제 어디에서나 힘을 발휘한다.

낮은 지위의 목소리

이제 시선에 관한 논의를 마치고, 지위놀이의 또 다른 주요 도구인 목소리에 대해 얘기해 보자. 어쩌면 불필요한 설명이겠지만, '낮은 지위의' 목소리와 '낮은 톤의' 목소리는 전혀 상관이 없다. 오히려 낮은 지위의 목소리는 대개 톤이 높다.

사람들은 낮은 지위를 채택하기 위해서 보통 목소리 톤을 높인다. 이 행동은 아이들과의 대화에서 특히 중요하다. 아이들과 대화할 때 우리는 무의식적으로 낮은 지위를 채택하고 톤을 높여 다음과 같이 우리의 지위가 낮다는 신호를 보낸다. "겁먹지 마라, 꼬마야. 나는 너를 해치지 않아. 오히려 보호할 거야. 나는 네 친구야."

반대의 경우를 상상해 보자. 어떤 사람이 아기나 꼬마에게 음산한 베이스 톤으로 말을 건다면 아마 아기는 울고 꼬마는 겁을 먹을 것이다.

애교 섞인 목소리는 전통적인 성역할을 중시하는 부부의 대화에서 아내가 즐겨 채택하는 목소리다. 오늘날에는 수동적이거나 소극적이라는 이유로 좋은 평가를 받지 못하는 목소리지만, 여전히 다양한 상황에서 널리 쓰이고 있다. 예를 들어 미용사와 손님으로 온 축구선수, 사장과 전직 비서인 젊은 배우자, 근육질의 트레이너와 호리호리한 수강생의 대화 등에서 애교스러운 목소리가 채택되곤 한다.

애교스러운 목소리는 훌륭한 무기로 쓰일 수 있다. 애교 섞인 목소리에 함축된 낮은 지위는 순전히 외면 지위일 뿐이다. 애교스러운 목소리를 내는 사람의 내면에는 어떤 목표에 도달하려는 확고한 의지가 숨어 있다.

아이들은 대체로 아이스크림을 하나 더 먹고 싶거나 텔레비전을 조금 더 보고 나중에 자고 싶을 때 자주 애교 섞인 목소리를 낸다. 그런데 효과가 없으면, 다음 단계로 울먹이는 목소리를 채택한다. "으응, 으응, 엄마, 딱 10분만……."

울먹이는 목소리를 채택하면, 지위가 아주 많이 낮아진다.

특히 성인이 그 목소리를 채택할 때 그 목소리를 듣는 상대방은 심하게 짜증이 난다. 그럼에도 울먹이는 목소리를 자주 채택하는 사람들이 있다. 그들은 무슨 말을 하기에 앞서 한숨을 내쉰다. 그렇게 에너지의 대부분을 내버리고, 나머지 에너지만으로 말한다. 그런 말은 설득력이 없고 탄식처럼 들린다.

그보다 더 낮은 지위도 있다. 무기력한 상태보다 더 낮은 곳에 있는 '절망적인 상태'다. 절망한 사람들은 숨을 많이 뱉어 내면서 억양 없이 말한다. 말문을 열 때와 비교하여 목소리가 뒤로 갈수록 점점 작아진다. 마지막 단어는 거의 들리지 않는다. 다음의 대사를 절망적인 말투로 소리 내어 읽어 보자. 도와달라는 부탁을 거절한 상대방에게 하는 말이다.

"그래, 네가 도와주지 않는다면, 어쩔 수 없네. 운명이겠지. 이 일은 내 몫이 아닌 거야."

허공에 질문을 던지는 듯한 말투는 억양 없는 말투와 마찬가지로 절망의 표현일 수 있다. "뭘 더 어떻게 해야 하나……. 이젠 나도 모르겠다. 어째서 항상 나지?"

질문하는 듯이 말끝을 위로 올리는 말투는 비행기 승무원이 손님에게 말을 걸 때도 쓰인다. 대부분의 승무원은 말끝을 위로 올림으로써 낮은 지위를 채택한다.

절망이 깊어지면, 억양 없는 말투가 애원하는 말투로 바뀐다. 절망한 사람은 상대방에게 매달리기 시작한다. "아무리 생각해도 무슨 말을 해야 할지 모르겠어. 도대체 왜 발을 빼는 거야? 내가 다 할 수는 없잖아. 어째서 항상 나냐고?"

결국 말투가 병적인 흥분 상태에 도달하면, 쌍방이 모두 불편해진다. 절망한 사람은 아주 큰 소리로 지껄이고 심지어 악을 쓴다. 목소리는 높고, 때때로 갈라진다. 이런 목소리는 주로 말다툼에서 등장한다. "내가 무슨 말을 하길 바라니? 미치겠네, 아무것도 모르겠어. 너는 왜 발을 빼는 건데? 나 혼자 다 할 수는 없잖아. 왜 항상 나냐고?"

지금까지 언급한 목소리는 톤이 높다는 공통점이 있다. 앞에서 진실성을 잠깐 언급하면서 지적했듯이, 높은 목소리는 말하는 사람의 내면에서 '공명'이 깨졌다는 신호다.

직장생활을 하다 보면 목소리가 지위놀이에서 맡는 역할을 자주 관찰할 수 있다. 텔레비전 토론 프로그램에서 정치나 윤리적 현안에 대한 논쟁이 벌어질 때도 목소리의 기능을 관찰할 수 있다.

이제 마지막으로 속삭임을 살펴보자. 속삭임은 높은 지위와 낮은 지위에서 모두 사용된다. 낮은 지위의 속삭임은 대개 울먹이는 목소리나 절망한 목소리를 통해 이루어진다. 그 속삭임은 무력감과 단념, 절망과 당혹감을 표현한다. 주로 속삭임은 사람들이 혼잣말을 할 때 사용되므로 관찰하기가 쉽지 않다. 여럿이 함께 모인 자리에서 속삭이는 사람은 드물다. 그러므로 때때로 그런 사람을 만나면, 속삭이는 사람의 지위를 관찰할 기회로 삼아 보는 것이 좋다.

연습

우리는 매일 끊임없이 다양한 목소리를 사용한다. 우리가 하는 말은 목소리에 실려 전달된다. 우리는 목소리를 듣고 상대방이 누구인지, 어떤 감정 상태이며 성격이 어떤지 알아챈다. 누구나 자신의 느낌에 충실하게 목소리를 내기 마련이다.

- 애교 섞인 목소리
- 울먹이는 목소리
- 한숨을 내쉰 다음에 말문을 여는 말투
- 억양 없이 많은 숨을 내쉬면서 처음에는 크게 말하지만 끝에서는 거의 들리지 않게 되는 말투
- 질문하듯이 말끝을 위로 올리는 말투
- 애원하는 말투
- 병적으로 흥분한 말투
- 낮은 지위의 속삭임

지금까지 제시한 낮은 지위 목소리들로 다음 문장들을 읊는 연습을 해 보자. "난 못 할 것 같아." "네가 계속 이러면, 나 정말 쓰러진다." "하루 휴가를 내고 싶습니다."

더 나아가 다른 사람을 관찰하다가 어떤 이유로든 주목하게 된 문장을 가지고 연습을 해 보자.

처음 연습은 혼자서 하는 것이 좋다. 실제로 해 보면, 다른 연습을 할 때보다 더 영화를 찍는 듯한 느낌이 들 것이다. 실제로 이 연습은 연기 연습과 동일하다. 배우들은 목소리의 위력을 잘 안다. 발성과 말투 연습은 배우 훈련의 기본이다.

혼자서 하는 연습에 자신감이 붙으면, 세상으로 나가 연기를 해 보자. 우선은 큰 무대가 아니라 일상의 작은 상황을 선택하

고, 당신이 목소리로 아주 많은 일들을 해낼 수 있다는 것을 즐겁게 깨닫기를 바란다.

하지만 이제껏 우리가 연습한 것은 낮은 지위의 목소리라는 점을 명심해야 한다. 당신이 목소리에 힘을 실어 높은 지위를 표현한다면, 상황은 어떻게 달라질까?

높은 지위의 목소리

낮은 톤은 높은 지위 목소리의 전형적인 특징이다. 목소리 톤이 얼마나 낮은지는 성별이나 인종, 덩치 등과 상관없이 말하는 사람이 얼마나 편안한 상태인가에 달려 있다. 간단히 말해서, 편안한 사람일수록 목소리의 음높이가 낮다.

남성들의 낮은 목소리는 대체로 관능적이다. 대중가수 중에서 목소리가 가장 낮은 사람은 아마 배리 화이트Barry Eugene Carter일 것이다. 사람들은 그에게 '더 보이스The Voice'라는 별명을 붙였다. 배리 화이트의 목소리는 따뜻한 물처럼 듣는 사람을 감싸서 마치 목욕하는 것처럼 긴장을 풀게 만든다.

낮은 목소리는 편안함뿐만 아니라 능력, 확신, 평정심, 관대함, 보호받는 기분을 느끼게 한다. 게다가 성적인 매력을 동반한다. 여성들의 경우도 마찬가지다. 자신감이 있는 남자들은 낮은 목소리를 지닌 여자에게 강한 매력을 느낀다. 반면 권위와 남성성을 내세우는 마초들은 여자의 낮은 목소리를 싫어할 가능성이 있다.

일부 사람들은 퇴근 후에 긴장을 풀기 위해 알코올과 니코

틴을 애용한다. 형편이 좋은 이들은 와인과 파이프를, 그렇지 않은 이들은 맥주와 담배를 찾는다. 알코올과 니코틴은 사람들의 목소리 톤을 낮아지게 만든다. 술자리 전후에 사람들의 목소리를 주의 깊게 들어 보면 확인할 수 있을 것이다.

목소리는 우리의 감정과 기분과 말이 진실한지를 드러낸다. 우리가 개인적인 목소리 톤의 범위 안에서 더 낮은 목소리를 낼수록, 진실성은 높아진다. 사람들은 우리를 더 신뢰하게 되고, 우리는 더 많은 호감과 존중을 얻는다.

주변 사람들을 관찰하면 잘 알 수 있지만, 목소리는 상황에 영향을 미친다. 낮은 목소리를 내는 사람이 말을 하면, 다른 사람이 그의 말을 끊는 일이 거의 없다. 사람들은 높은 목소리를 내는 사람보다 낮은 목소리를 내는 사람을 더 신뢰하고 존중하며 좋아한다.

긴장감의 정도에 따라 목소리의 높낮이가 어떻게 달라지는지 주의 깊게 관찰해 보자. 당신은 친구들의 평소 목소리를 잘 알 것이다. 그런 친구들을 관찰 대상으로 삼는 것이 좋다. 당신은 친구의 목소리가 높아지고 낮아지는 것을 금세 알아채고, 그 변화가 당신에게 미치는 효과도 느끼게 될 것이다.

말하는 사람이 가장 이완된 상태에 이르면 낮은 목소리가 기분 좋은 웅얼거림으로 바뀐다. 흔히 잠이 들기 직전에 그런 변화가 일어난다.

또 다른 높은 지위의 목소리로 으르렁거리는 소리가 있다. 이 소리는 상대방을 겁먹게 한다. 몇몇 지위 신호들은 인간보다도 훨씬 먼저 생겨났는데, 으르렁거리는 소리도 그중 하나다. 그

예로, 동물계에서 으르렁거리는 소리가 자주 쓰인다. 동물들은 먹이나 짝짓기의 기회를 놓고 다툴 때 으르렁거린다.

영화 시리즈 「대부」에서 마피아 두목을 연기한 말론 브란도 Marlon Brando Jr 는 으르렁거리는 소리를 가장 잘 구사한 인물이다. 그는 영화의 1부에서 3부까지 거의 한 마디도 하지 않지만 으르렁거리는 소리로 조직을 완벽하게 통제한다.

연습

어떻게 하면 목소리 톤을 낮출 수 있을까? 첫째 비결은 이미 제시했듯이 긴장을 푸는 것이다. 둘째 비결은 말을 느리게 하는 것이다. 목소리가 낮은 사람들은 말이 빠르지 않다. 의도적으로 말을 느리게 하면, 목소리는 자동적으로 약간 낮아진다.

다음의 대사를 빠르게 말해 보라.

"이 정도면 충분하다고 본다. 그만 하자."

느리게 말해 보라.

"이 정도면 충분하다고 본다. 그만 하자."

낮은 목소리로 느리게 말해 보라.

"이 정도면 충분하다고 본다. 그만 하자."

높은 목소리로 느리게 말해 보라.

"이 정도면 충분하다고 본다. 그만 하자."

마지막으로 다시 한 번 낮은 목소리로 느리게 말해 보라. 이 때 목쉰 소리를 내지 않도록 유의해야 한다. 목쉰 소리는 긴장을 풀지 않은 채로 낮은 목소리를 낼 때 발생하며 말의 진실성을 떨어뜨린다. 목쉰 소리가 섞인 낮은 목소리는 왠지 진실하지 않게 느껴진다. 삼류 무협영화에서 검객들이 내지르는 기합소리가 진실성이 없는 목쉰 소리의 대표적인 예다.

높은 지위의 목소리를 내려 할 때 목쉰 소리 못지않게 문제가 되는 것은 억눌린 소리다. 억눌린 소리는 톤이 낮지만 진실하지 않게 느껴진다. 사람들은 억눌린 소리를 좋아하지 않는다.

목소리를 낮추려면 긴장을 풀고 물을 충분히 마시는 것 외에 저음 영역의 발성연습을 하는 것도 효과가 있다. 피아노로 낮은 음을 치면서 그 음에 맞게 발성연습을 하는 것이 좋은 예다.

낮은 목소리는 직장생활에서 높은 목소리보다 훨씬 더 잘 연습하고 실행할 수 있다. 시험 삼아 당신의 목소리를 낮추고 상황의 변화를 관찰해 보면 틀림없이 재미있는 변화가 일어날 것이다. 아주 작은 높낮이 차이만으로도 효과가 발생한다.

동료와 사장과 고객을
대하는 방법

직장 내의 지위놀이에서 가장 중요한 요소는 존중이다. 존중은 성공과 경력에 결정적인 영향을 미친다. 존중받는 사람은 설령 호감을 얻지 못한다 하더라도 높은 직급에 오를 수 있다. 반대로 호감을 얻는 대신 존중은 못 받는 사람은 승진이 지체되는 경향이 있다. 물론 가장 좋은 경우는 존중과 호감을 한꺼번에 얻는 것이다. 다행히도, 그것은 불가능한 일이 아니다.

직장은 지위놀이를 관찰하고 연구할 기회를 제공하는 커다란 연극 무대다.

맞춰 주기 놀이

누구나 칭찬을 좋아하고 과장된 찬사를 기꺼이 수용하며 때로는 명백한 거짓말일지라도 추켜세워 주면 통 크게 받아들인다. 칭찬을 받은 사람은 너그러워지고 즐거워진다. 하지만 맞춰 주기 놀이의 핵심은 '적절하게 칭찬하기'에 있다.

칭찬을 부적절하게 하면, 그러니까 거의 아첨 수준으로 부풀리면, 효과가 사라질 뿐 아니라 곧바로 역효과가 난다. 직장생활을 하다 보면 적절한 칭찬과 역효과를 내는 아첨을 숱하게 관찰할 수 있다. 직장에서의 인간관계가 상당 부분 칭찬 놀이와 아첨 놀이에 의해 형성되기 때문이다.

먼저 적절한 칭찬을 살펴보자. 핵심은 적절한 때에 적절한 말을 하는 것이다. 유능한 판매원과 상담원은 이 분야의 고수들이다. 그들은 믿음직스럽다. 우선 상대방과 우호적인 관계를 맺고 매우 신속하게 상대방이 좋아할 만한 이야깃거리를 발견한다.

예를 들면 옷차림(넥타이가 멋지세요, 옷이 너무 잘 어울려요.), 외모(마사지 받고 오셨나 봐요, 어쩜 이렇게 미인이세요.), 자동차(굉장한 차네요, 성능도 좋겠지요?) 같은 주제를 세련되게 언급하면서도 날씨나 상대방의 현재 상태(비행기 여행은 편안하셨나요?)까지 우아하고 유쾌하게 거론한다.

물론 시시한 이야깃거리들이다. 고수의 비결은 지적이고 기발한 이야기를 건네는 것이 아니라 상대방의 상태를 재빨리 파악하고 적당히 칭찬하는 것이다. 적당한 칭찬은 대화가 순조롭게 이어지도록 만들어 목표 달성의 발판이 된다. 칭찬받은 사람은 칭찬한 사람에게 동조하기 마련이다. 그러나 만일 칭찬받은 사람이 당신의 목표 달성에 저항한다면, 당신은 끈질기게 그 저항을 극복해야 한다.

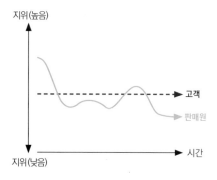

직접 실험해 볼 수도 있다. 상대방을 설득하여 어떤 사소한 일을 하도록 만들어 보는 것이다. 직장동료에게 개인별 주차 위치를 바꾸자고 하거나, 새로 개업한 식당에서 함께 점심을 먹자고 하거나, 정기 회의에서 앉는 자리를 바꾸자고 해 보면, 당신은 다음의 사실을 깨닫게 될 것이다.

뜻을 이루기 위해서는 첫째, 정중해야 하고, 둘째, 끈질겨야 한다. 어쩌면 당신은 며칠 또는 몇 주 동안 거듭해서 제안한 후에야 뜻을 이룰 것이다. 매번 정중하고 끈질기게 행동해야 하지만, 그렇다고 상대방의 짜증을 불러일으켜선 안 된다. 따라서 그때그때 상대방의 상태를 파악하는 감각이 매우 중요하다.

이 실험을 해 보면, 당신이 상대방의 상태를 파악하고 맞춰 주는 감각이 충분히 발달했는지, 아니면 아직 훈련이 필요한지 분명하게 드러날 것이다.

맞춰 주기 놀이를 하려면 반드시 내면으로 높고 외면으로 낮은 지위를 갖춰야 한다. 그러면서도 지나치지 않도록 조심해야 한다. 무조건 목표를 달성하려고 돌진하기보다는 당신이 어디까지 전진할 수 있는지 파악하고 그 한계를 받아들이는 것이 중요하다. 그리고 며칠 또는 몇 주 후에 다시 한번 시도해 보자. 당신의 목표가 클수록 상대의 저항도 클 것이다. 시간이 얼마나 걸리든, 당신은 외면적으로는 상대의 거부를 받아들이면서 내면적으로는 목표를 계속 추구하겠다는 결심을 유지해야 한다. 이 장의 첫머리에 인용한 명언을 잊지 말자.

"패배하는 사람보다 항복하는 사람이 더 많다."

변화에는 시간이 필요하다. 새로운 생각과 습관, 새로운 발상과 원리, 새로운 작업방식에 익숙해지는 데 걸리는 시간은 사람마다 다르다. 그러므로 성공적인 맞춰 주기 놀이의 핵심 전제는 상대방의 한계를 아는 것이다. 그 한계 또한 사람마다 모두 다르다. 맞춰 주기 놀이의 고수가 되려면, 상대방이 얼마나 완고한지, 또는 얼마나 유연한지를 파악하는 감각을 키워야 한다.

응답 놀이

누군가 말을 걸어오는데 그 사람과 대화하고 싶지 않을 때, 우리는 종종 그 사람의 말을 무시한다. 일종의 응답 놀이를 하는 것이다. 응답 놀이란 응답을 하지 않거나, 늦게 하거나, 아주 짧게 하는 것을 말한다. 이 행동은 우리가 상대방에게 가하는 벌이다. "나는 그 사람과 말하지 않겠어. 그 사람이 한 번 말을 거는 것은 괜찮아. 하지만 또다시 말을 거는 것은 사양하겠어."

직장생활의 여러 상황들에서도 이와 똑같은 메커니즘을 경험할 수 있다. 그런 상황들이 일으키는 감정적인 충격은 크고 지속적일 수도 있고, 작고 일시적일 수도 있다.

당신이 이메일을 하나 받았다고 해 보자. 보낸 사람은 당신이 별로 관심을 두지 않는 사람이다. 당신은 언제 답장을 보낼까?

똑같은 이메일이 매력적인 동료, 또는 당신이 높이 평가하는 동료에게서 온다. 당신이 호감을 갖고 있는 사람에게서 온 것이다. 당신은 언제 답장을 보낼까?

당신이 반감을 느끼는 상사에게서 똑같은 이메일이 온다. 당신은 언제 답장을 보낼까?

자신의 응답 행동들을 잘 관찰해 보자. 당신은 이메일이나 전화를 받고 가끔은 무의식적으로 응답 놀이를 할 것이다. 당신은 누구에게, 언제 응답하는가?

응답 놀이는 하기 싫은 일을 피하는 행동과 비슷하다. 물론 하기 싫다는 생각이 응답을 미루는 중요한 이유인 것은 사실이지만, 응답 놀이는 대부분 지위와 관련이 있다. 다음의 경우를 보자.

고객이 당신과 대화하기를 원한다. 당신은 고객과 면담할 시간을 정했다. 그런데 약속 시간 직전에 고객의 비서가 당신에게 이메일을 보낸다. "죄송합니다만, 귀하께서 요청하신 면담 시간을 뒤로 미뤄야 할 것 같습니다…"

이 한 문장으로 지위관계가 역전된다. 느닷없이 당신은 면담을 요청한 사람이 되었고, 따라서 낮은 지위로 떨어졌다.

응답 놀이는 이보다 훨씬 더 복잡하게 수행될 수 있다. 많은 직장에서 매일 반복적으로 그런 복잡한 응답 놀이가 일어난다.

S#.9 비서실

김 사장　박 사장과 대화하고 싶네.

김 사장의 비서가 박 사장의 비서에게 전화를 건다.

김의 비서　김 사장님이 박 사장님과 대화하고 싶어 하십니다.
박의 비서　네, 잠시만 기다려 주십시오.

박 사장의 비서가 전화를 대기시켜 놓고 사장실에 들어간다.

박의 비서　사장님, 김 사장님이 대화하고 싶어 하십니다.
박 사장　연결해 주게.

박 사장의 비서가 전화 회선을 박 사장에게 연결한다. 김 사장의 비서도 김 사장에게 전화를 돌린다. 두 사장이 전화로 대화를 시작한다.

◇◇

아주 평범한 상황 전개다. 그러나 만일 두 비서 중 하나가 지위놀이를 한다면, 상황은 복잡해질 수 있다.

◇◇

S#.9-1 비서실

앞의 상황은 같다. 박 사장의 비서가 전화 회선에 박 사장을 연결한다. 그런데 김 사장의 비서는 김 사장을 연결하지 않고 박 사장에게 직접 말한다.

김의 비서　안녕하세요, 김 사장님의 비서 ○○○입니다. 김 사장

님께서 박 사장님과 통화하고 싶어 하셔서 전화를 드
렸습니다.

◇◇

이렇게 두 사장 모두와 직접 대화함으로써 김 사장의 비서
는 박 사장의 비서보다 지위가 높아진다.

◇◇

S#.9-2 비서실

처음 상황은 같다. 김 사장의 비서가 박 사장의 비서에게 전화를 건다.

김의 비서　김 사장님이 박 사장님과 대화하고 싶어 하십니다.
박의 비서　의향을 여쭙고 다시 전화 드리겠습니다.

박 사장의 비서가 전화를 끊는다. 잠시 후에, 박 사장의 비서가 김 사장
의 비서에게 다시 전화를 건다.

박의 비서　박 사장님께서 지금 김 사장님과 통화가 가능하다고
　　　　　　하십니다.

김 사장의 비서가 전화 회선에 김 사장을 연결한다.

◇◇

이로써 박 사장의 비서는 높은 지위를 차지하는 데 성공했다.

◇◇

S#.9-3 비서실

김 사장의 비서는 바로 앞의 상황이 빚어 낼 자신의 지위 하락을 예감하

고 전략을 바꾼다.

김의 비서 사장님께서 바쁘셔서 지금 당장은 통화가 어렵습니다. 조금 있다가 통화가 가능하실 때 다시 전화 드리겠습니다.

◇◇

이로써 김 사장의 비서가 다시 높은 지위를 차지한다.

만일 두 비서가 계속해서 이런 식으로 지위를 놓고 다툰다면, 두 사장은 한참이 지나서야 서로 통화할 수 있을 것이다. 응답 놀이는 비서들만 하는 것이 아니다. 직장에서 응답 놀이는 지위서열을 표현하고 다지는 주요 수단이다. 직장인들은 어떤 지위의 사람이 어떤 지위의 누구와 대화하는가에 매우 민감하다. 지위놀이는 직장인들이 지나칠 정도로 꼼꼼히 지키는 암묵적인 규범의 산물이다.

왜 이제야 놀이

이 놀이로 친구를 얻기는 확실히 불가능하다. 왜 이제야 놀이는 상대방의 업적을 깎아내리거나 아예 없애 버리기 위한 지위놀이다.

◇◇

S#.10 회의실

프로젝트 회의가 열린다. 한 팀원이 탁월한 성과를 내어 찬사를 받는다.

사장 좋습니다, ○○○ 씨, 참 잘하셨네요. (잠시 침묵) 그런데
말이에요, 왜 이제야 그렇게 하셨죠? 몇 주 전에 일찌감
치 하실 수도 있었을 텐데.

◇◇

탁월한 성과로 얻은 높은 지위는 "왜 이제야"라는 한마디 말
에 감쪽같이 사라진다. 적어도 그 팀원이 상사의 말에 반응하여
해명을 시도한다면, 다시 말해 사장의 질책을 받아들인다면, 그
의 성과는 확실히 사라진다.

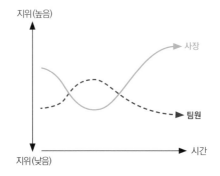

그런데 대부분의 사람들이 그렇게 반응한다. 그 순간에 발생
하는 실망감이 매우 크기 때문이다. 사람들은 사장의 질책이 불
공정하고 터무니없는 폄하라고 느끼면서 대응으로 해명이나 정
당화를 시도할 것이다.

이런 상황은 직장생활에서 숱하게 발생한다. 높은 지위의 사
람들은 누군가의 업적을 깎아내리기 위해서 다양하게 변형된 왜
이제야 놀이를 자주 사용한다.

왜 이제야 놀이가 벌어질 때, 한번 연습 삼아 정당한 반발심을 가라앉히고 참여자들 각각이 어떤 감정으로 어떻게 행동하고 반응하는지 관찰해 보자. 특히, 자신의 업적을 정당화하려는 사람들을 유심히 살펴보는 것이 좋다.

그들은 왜 즉각 싸움에 임할까? 과연 그럴 필요가 있을까? 어떤 대안을 찾을 수 있을까? 대안이 떠오르기까지 얼마만큼의 시간이 걸릴까? 지위다툼은 어떻게 전개될까? 상황은 결국 어떻게 마무리될까? 공격당한 사람은 낮은 지위에서 벗어나 정당한 높은 지위를 되찾는 데 성공할까? 익숙하지 않은 싸움판에 나서는 바람에 낮은 지위에 머물지는 않을까?

 존중 받기를 바라는 사람과 호감 얻기를 원하는 사람이 맞서 싸우면 대부분 존중을 원하는 사람이 이긴다. 높은 지위의 사람은 어떤 수단으로 이기느냐에 관심이 없고 아무튼 이기는 것을 중시하기 때문이다. 그런 사람의 전략에 맞서 이기기란 어려운 일이다.

자승자박 놀이

이 놀이는 동료들이 당신의 능력을 충분히 인정해 주지 않는 상황이거나 적어도 당신이 그렇게 느끼는 상황에서 흔히 발생해 나쁜 결과를 초래한다.

직장에서 여성은 대체로 남성보다 급여가 적고 직급이 낮기 때문에 남자보다 더 쉽게 자승자박 놀이에 걸려든다. 여성들은 자신의 능력과 기여를 매우 정확하게 알고 있으며, 그에 대한 금전적, 인간적 보상이 정당하게 이루어지지 않는다고 느낀다.

어느 회사에서 마케팅을 담당하고 있는 한 여성은 좋은 대학을 나왔고 명예욕이 있으며 일을 잘한다. 그녀는 자기가 능력만큼의 평가를 받지 못한다고 느낀다. 오래전부터 품어 온 불만이다.

그녀는 이제부터 더욱 열심히 일하고 더욱 직극적으로 나서기로 마음먹는다. 그러면 결국 동료들이 그녀의 진정한 가치를 인정하게 될 것이라고 믿는다.

그런데 더 열심히 일하다 보니 더 많은 스트레스를 받는다. 그래서 그녀는 툭하면 짜증을 내고, 때로는 자기 업무가 아닌 일들에 끼어들며, 점차 사소한 일들에 에너지를 소진한다. 동료들은 그녀를 좋아하지 않게 된다. 되도록 그녀와 함께 일하지 않으려 한다.

결과적으로 그녀는 이전보다 더 낮은 평가를 받는다. 그녀는 점점 더 크게 실망하고, 자기가 스스로 일으킨 불만의 소용돌이에 휘말려 결국은 아래로 추락한다.

그녀는 고뇌하고 절망하면서, 자신이 정당한 평가를 못 받는 것은 여성의 능력을 얕잡아 보는 위계조직의 전형적인 문제라고 생각한다. 물론 실제로 그녀의 생각이 맞다. 하지만 그런 생각은 그녀의 목표를 성취하는 데 전혀 도움이 되지 않는다. 그녀는 여전히 낮은 평가를 받고 있다.

이 문제는 여성들에게만 국한되지 않는다. 성별을 불문하고 창조적인 직업에 종사하는 사람들도 이 문제를 잘 안다. 그들의 생각은 예를 들자면 이런 식이다. "이곳의 사람들은 나를 괴짜 예술가로 여기고 나의 독창적인 작품을 존중하지 않는다." 이 판단 역시 객관적으로는 옳을 수 있겠지만, 원하는 지위로 상승하는 데 보탬이 되기보다 도리어 방해가 된다. 심사가 뒤틀린 동료나 불만투성이 창작자와 함께 일하고 싶어 하는 사람은 드물다.

앞서 제시한 생각들은 전혀 도움이 되지 않으므로 다른 해결책을 모색해야 한다. 문제의 핵심은, 자기가 정당한 인정을 못 받는다는 느낌 때문에 더 열심히 나서는 데 있다. 더 많이 제공하고, 더 많이 일하고, 더 주목 받으려고 애쓰는 것이다.

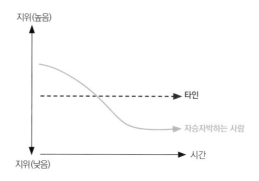

이렇게 하는 사람들은 지위가 내면으로 낮고 외면으로 높다. 그들은 자기가 작다고 느끼면서 크게 보이려고 애쓴다. 그러나 지위 유형들을 살펴보며 언급했듯이, 내면으로 낮고 외면으로 높은 지위는 타인의 인정과 존중을 얻기에 가장 부적합하다. 이 지위에서는 인정과 존중을 얻으려고 노력하면 할수록 더 깊은 불만의 소용돌이에 휘말릴 수밖에 없다. 사람들은 그들의 노력에 호응하지 않을 테고, 그러면 그들은 점점 더 불안과 절망에 빠져든다.

올바른 인정과 존중을 받겠다는 목표를 달성하려면 오히려 자기 자신의 자존감을 개선해야 한다. 그러려면 스스로에게 이렇게 물어야 한다. 어떻게 하면 내가 스스로를 더 낫게 느끼고 주변 사람들의 평가에 덜 의존할 수 있을까?

내가 주변 사람들에 의존하여 나 자신의 가치를 느끼는 한, 나는 절대로 이길 수 없다. 그들의 기분과 평가에 휘둘릴 수밖에 없다. 내가 무엇을 할 수 있는지를 나 자신이 가장 잘 안다는 점을 돌이켜 깨달을 때 비로소 나는 나 자신을 정당하게 평가할 수 있다.

그러면 상황을 보는 시각이 달라진다. 나를 제대로 평가하는 사람이 적어도 한 명은 생겼기 때문이다. 다른 사람들도 조만간 나를 제대로 평가하게 될 것이다. 사람은 누구나 자기 자신에 대한 스스로의 평가를 다른 사람들에게 퍼뜨리기 마련이다.

나를 평가하기 위해서는 나 자신에게 가장 먼저 의견을 물어야 한다. 나는 나의 능력을 안다. 나의 능력을 사람들에게 반드시 증명해야 하는 것은 아니다. 이런 마음가짐을 유지하면 매력적인 사람이 되고, 결국 주변 사람들도 당신을 제대로 평가하게 된다.

사장 놀이

누가 사장일까? 회사나 거래처에서 한번 유심히 살펴보자. 회의나 면담이 이루어질 때, 또는 손님들을 접견할 때, 아니면 사원식당이나 건물 로비에서 관찰해도 좋다. 여러 사람들이 함께 있으면 누가 사장인지 금세 알아챌 수 있을 것이다. 사람들의 시선은 우두머리 동물 격인 사장을 향한다. 가장 많은 사람들의 시선을 받는 인물이 어김없이 사장이다. 사장은 어떻게 다른 사람들의 시선을 끌어당길까? 다른 사람으로부터 일인자로 인정받기 위해서 사장은 어떻게 할까?

사장이 사무실에 어떻게 들어서고 어떻게 이동하는지, 사장이 누구를 상대하고 누구를 무시하는지, 사장이 무엇을 바라보고 무엇에 귀를 기울이는지 관찰하면 잘 알 수 있다. 사장은 신체언어를 통해서 온갖 높은 지위 신호를 드러낸다. 또한 자기보다 한 등급 아래의 지위신호를 보내는 사람들만 상대하며, 자기보다 여러 등급 낮은 지위신호를 보내는 사람들은 무시한다.

사장 놀이를 오래 관찰하다 보면, 혹시 나도 사장 놀이를 할 수 있지 않을까 하는 생각이 들 수 있다. 당연히 당신도 할 수 있다. 이론적으로 사장 놀이는 전혀 어렵지 않다. 그러나 능숙한 지위놀이의 핵심은 흉내 내기나 기술적인 세부사항이 아니라 진실성이다. 그저 몸짓과 행동을 흉내 내기만 한다면, 성공적이지도 않고 즐겁지도 않을 것이다. 높은 지위놀이에서 성공을 거두려면, 진심으로 높은 지위를 원하고 그 결과를 두려워하지 말아야 한다. 높은 지위의 결과는 높은 존중과 낮은 호감이라는 점을 명심하자.

미소 놀이

• 상냥한 미소

미소는 매우 유용하다. 특히 다양한 상황에서 긴장을 제거하는 아주 좋은 수단이다. 그러나 미소를 지으면 대체로 지위가 낮아진다. 이 때문에 현대사회의 많은 사람들은 담담한 인상을 풍기려고 노력한다. 상냥하고 성취력이 부족한 사람으로 보이는 것보다 냉정한 사람으로 보이는 것이 더 낫다고 여기기 때문이다.

더 나아가, 미소는 가끔씩 부적절할 때도 있다. 부적절한 미소는 이렇게 해석될 수 있다. '이 사람은 아주 상냥하다. 하지만 이 사안을 잘 이해하고 있는 것 같지는 않다.' 아마 당신 주위에도 지나치게 상냥해서 별로 신뢰를 받지 못하는 사람이 있을 것이다.

특히 상냥한 미소를 지으면서 남의 일을 대신 해 주는 행동은 지위를 매우 낮은 수준으로 떨어뜨린다. 신입사원이 아무에게나 상냥한 미소를 짓는 것도 바람직하지 않다. 그러면 곧 업신여김을 당할 위험이 있다.

당연한 말이지만, 상냥한 미소가 반드시 지위를 떨어뜨리는 것만은 아니다. 상냥하면서 존중받는 사람들도 있다. 그러나 그런 사람들은 예외에 속한다.

항상 상냥하게 미소 짓던 프런트 직원이 어느 날 컨디션이 좋지 않아서 높은 지위행동을 일삼는다고 상상해 보자. 갑자기 무뚝뚝하게 행동하는 그녀를 보면 동료들은 어떻게 반응할까? "오늘은 저 친구가 성취력을 발휘하는군." 하면서 호응할까? 아닐 것이다. 오히려 고개를 갸웃거리며 이렇게 말할 것이다. "왜 저래? 어울리지 않는 짓을 하네."

• 가식적인 미소

미소를 사랑스럽게 짓느냐 기계적으로 짓느냐는 중요한 문제다. 이 차이는 좀처럼 파악하기 어려울 때가 많다.

미국에 처음 가 본 사람들은 그곳 사람들이 매우 친절하다고 이야기한다. 특히 식당 종업원들이 친절하고 상냥하다고 한다. 그러나 그것은 착각이다. 미국인의 미소는 대부분 가식적이다.

그 증거 중 하나가 입꼬리가 마치 실에 매달려 끌리는 것처럼 위로 올라가는 것이다. 그런 미소는 얼핏 보면 상냥하게 느껴지지만, 자세히 보면 사랑스럽지 않고 어색하며 때로는 차가워 보이기까지 한다.

미소는 진실할 때만 신뢰를 준다. 미소의 신뢰성은 입 모양에서가 아니라 눈에서 읽어 낼 수 있다. 눈과 함께 미소 짓는 것만이 진실한 미소이며, 그렇지 않으면 가식적인 미소다.

진실한 미소와 가식적인 미소를 구분하고 해석하는 연습을 해 보라. 그러면서 어떤 미소가 지위를 높이고 어떤 미소가 지위를 낮추는지 살펴보자. 스스로 미소를 짓는 실험을 하는 것이 아니라 주변 사람을 관찰하면 된다. 가식적인 미소 놀이를 파악하고 해석할 줄 알게 되면 속으로 미소 짓게 될 것이다.

• 음흉한 미소

음흉한 미소를 거만한 미소와 혼동하면 안 된다. 거만한 미소는 쉽게 알아챌 수 있는 반면, 음흉한 미소는 알아채기가 쉽지 않다. 특히 노련한 사람들이 짓는 음흉한 미소는 더욱 알아채기 어렵다. 그런 사람들은 일단 눈치채지 못하게 상대방을 속이거나 부려먹는다. "그럼요, 선생님. 선생님이나 저나 이 일이 얼마나 중요한지 잘 알지요. 늘 그랬듯이 이번에도 서로 도와야죠."

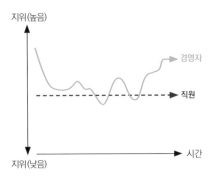

미소 짓는 상대방의 눈을 보면 그 미소에 담긴 뜻이 보일 것이다. 음흉한 미소에 속지 말자. 때로는 오로지 눈에서만 그 뜻을 알아챌 수 있다.

좋은 평가 놀이

좋은 평가 놀이는 긍정적이고 고차원적인 지위놀이다. 직원을 좋게 평가하고 칭찬할 줄 아는 상사를 보유한 회사를 본 적이 있을 것이다. 그런 회사는 내부 지위서열을 둘러싸고 자주 지위놀이가 벌어지는 회사보다 확실히 더 성공적이다. 모든 직원들이 각자 자신의 지위와 경력을 위해 싸운다면 회사 전체가 잘 돌아갈 리 없다. 직원들의 에너지가 한 덩어리를 이룰 때, 모두가 하나의 목표를 위해 서로를 도울 때, 비로소 부분들의 총합보다 큰 전체가 만들어진다.

좋은 평가 놀이는 그런 전체를 이루는 길이다. 성과를 내면 임무와 지위를 막론하고 누구나 좋은 평가를 받을 수 있는 회사에서는 직원들이 최선을 다해 일한다.

좋은 평가 놀이는 경영진에게서 시작되는 것이 가장 이상적이다. 젊은 창업자가 직접 경영하는 스타트업 회사에서 종종 그런 이상적인 상황을 목격할 수 있다. 좋은 평가 놀이의 핵심은 높은 지위의 사람이 직원들의 업적을 인정하고, 시기하지 않으며, 상사로서 자신의 권위가 손상될까 봐 겁내지 않는 것이다.

 훌륭한 경영자는 지위 예술가다.

회사 문화가 어떻냐에 따라 좋은 평가 놀이의 수준은 천차만별이다. 사장이 좋은 평가 놀이에 능숙하지 않으면, 그 놀이는 회사 어느 곳에서도 거의 벌어지지 않는다. 그런 회사에서는 어쩔 수 없이 '부정적으로 변형된 좋은 평가 놀이'가 벌어진다. 다시 말해, 직원들이 언제 어떤 도움을 필요로 하는지, 그런데 왜 도움을 받지 못하는지에 대한 평가가 주로 이루어진다.

반면에 좋은 평가 놀이가 활발히 벌어지는 회사의 직원들은 행복감을 느끼며 매일 서로를 도울 방법을 새롭게 모색한다.

좋은 평가 놀이가 잘 이루어지는 상황을 관찰해 보자. 뿐만 아니라 그렇지 않은 상황도 주의 깊게 관찰할 필요가 있다. 좋은 평가 놀이가 왕성한 회사라도 때때로 부정적인 상황이 발생할 수 있다.

판매원 놀이

• 거만한 판매원

당신이 고가의 명품을 파는 매장에 들어가는 모습을 상상해 보자. 당신은 그 가게의 고객층과 전혀 격이 맞지 않는 허름한 옷차림을 하고 있다. 매장을 잘못 찾아온 사람으로 보일 정도다. 당신이 매장에 들어서자 불편한 분위기가 형성되고, 판매원은 거리를 두는 태도로 반응한다.

당신은 환영받지 못한다. 첫 순간에 포착된 신호에서 그 사실을 알 수 있다. 아무도 당신에게 신경을 쓰지 않고 말을 걸지 않는다. 조금 뒤에 당신은 적극적으로 판매원에게 다가가지만, 판매원은 거만하게 거부하는 태도로 당신을 맞이한다. 당신을 상대하지 않으려는 기색이 역력하다. 판매원은 말수가 적고 바쁘다. 그리고 곧 당신을 놔두고 다른 곳으로 간다.

만일 당신이 고급승용차를 시승해 보거나 명품 의상을 입어보겠다고 하면, 판매원은 "죄송하지만 안 된다"고 할 것이다. 당신이 끈질기게 요구하면, 이렇게 말할지도 모른다. "고객님, 혹시나 하는 마음에 말씀드리는데요, 고객님께는 이 상품이 너무 고가일 것 같아서요."

이것은 판매원답지 못한 행동이다. 상당수의 판매원들은 이런 상황에 대한 교육을 받은 적도 없고 경험한 적도 없다. 당신 같은 고객을 상대로 무엇을 어떻게 해야 하는지 모른다. 따라서 자동으로 전형적인 행동, 즉 내면으로 낮고 외면으로 높은 허세형 지위를 채택한다. 이렇게 되면 고객과의 접촉이 어려워진다.

이 상황은 판매원의 입장에서 볼 때 매우 심각한 문제다. 판매원은 이후 어떤 행동을 하든 불리한 입장에서 출발하게 된다. 물론 허름한 옷차림의 고객을 거부해도 아무 손해가 없을 수 있다. 그렇다면 시간 낭비를 막기 위해 그를 내보내야 한다.

그러나 그 고객이 관심을 기울여 볼 만한 상대인지도 모른다. 이때 판매원이 거만한 행동을 취한다면, 고객의 진가를 알아낼 가능성은 봉쇄되고 사태는 어김없이 불편하게 전개될 것이다.

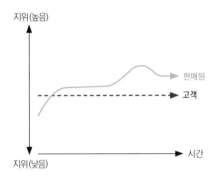

훌륭한 판매원은 침착하게 반응한다. 비록 가게를 잘못 찾아온 것처럼 보이는 고객이라 할지라도 고객에게 환영받는 느낌을 준다.

• 하인처럼 구는 판매원

신발가게에 고객이 들어온다. 판매원은 지금 다른 고객을 상대하는 중이다. 새 고객은 기다리는 것이 기분 나쁘다는 신호를 보낸다. 판매원은 일을 마치자마자 그 고객에게 다가간다. 그 고객은 가게에 직원이 너무 적다고 퉁명스럽게 항의하며, 주위에 다른 신발가게도 많은데 너무 오래 기다렸다고 투덜거린다. 판매원은 고객의 노골적이고 격렬한 불만 신호에 즉각 낮은 지위를 채택한다. 고객에게 양해를 구하고, 고객의 사정을 이해한다고 말하며, 다시는 이런 일이 없을 것을 약속한다. 그리고 마지막으로 묻는다. "무엇을 도와드릴까요?"

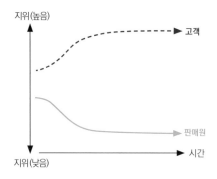

고객은 계속 퉁명스럽게 나온다. 판매원은 불안을 느끼며 고객의 기분을 달래려고 애쓴다. 그렇게 무조건 고객이 옳다고 맞장구치면서 신속하게 매우 낮은 지위로 떨어진다. 그 후 고객은 적당한 신발을 고르고 신어 보지만 만족하지 못한다. 여기가 조이고 저기가 헐렁하다고 한다. 고객의 불평에 판매원에 대한 질책이 추가된다. 판매원은 사과하고 다른 신발을 찾는다.

하인처럼 구는 판매 전략은 성공적일 수 없다. 고객과 판매원 사이의 지위 차이가 너무 커져서 판매에 있어 꼭 필요한 긴장감이 사라지기 때문이다. 고객은 하인처럼 구는 판매원을 업신여기면서 또다시 공격할 기회만 기다린다.

그 기회는 쉽게 찾아온다. 판매원이 불안해서 자주 실수를 범하기 때문이다. 고객은 나중에 다시 오겠다고 말하며 나가고, 판매원은 꼭 다시 오라고 인사한다. 고객은 다시 올지도 모른다. 그러나 판매원의 본분은 물건을 파는 것이지, 고객이 왔다가 그냥 가고 다시 오게 만드는 것이 아니다.

판매의 비결은 낮은 지위를 유지하다가 결정적인 순간에 높은 지위를 채택하는 데 있다. 그런 다음에는 다시 낮은 지위로 돌아가야 한다.

존경 놀이

사소한 관심들이 상대의 호감을 불러일으켜 큰 변화를 가져올 수 있다. 존경 놀이는 상대방을 높은 지위로 추켜올리는 방법 중 하나다. 이 놀이도 섬세하고 미묘하게 해야 한다. 마치 하인처럼 엎드려 존경을 표하면, 존경이 아첨처럼 느껴져서 상대방의 지위가 올라가는 것이 아니라 당사자의 지위만 낮아진다.

부적절한 존경 표현은 상대방에게 모욕감을 줄 정도로 치명적일 수 있다. 부적절한 존경과 찬사는 조롱과 다를 바 없기 때문이다.

반대로 존경 표현이 적절할 경우, 존경 놀이는 강화된 형태의 좋은 평가 놀이가 된다. 적절한 존경은 '존경할 만한 사람'에 대한 존경에서 시작된다.

개인 대 개인의 지위놀이에서 직위, 재산과 같은 전통적이고 객관적인 존경 기준들은 부차적인 중요성만 갖는다. 더 중요한 것은 존경할 만한 성격과 행동이다. 우리는 상대방의 성격과 행동 때문에 상대방을 존경하고, 우리보다 높은 지위로 추켜올린다. 이런 존경은 존경하는 사람과 존경받는 사람 모두를 기분 좋게 만든다. 서로가 기분 좋은 존경의 필수 전제는 존경이 적절해야 한다는 점, 다시 말해 진실해야 한다는 점이다.

적절하고 능숙한 존경 표현은 조용하고 조심스럽게 이루어진다. 요란하고 호들갑스럽게 존경을 표현하면, 상대방은 지위가 높아지기보다는 오히려 난처해져서 곧바로 자신의 업적을 스스로 깎아내린다. "아니 뭐 그걸 가지고…… 그냥 제가 좋아서 한 일인걸요."

또는 아예 납작 엎드려서 이 어색한 상황이 빨리 지나가기만을 기다린다. 너무 요란하거나 무절제한 존경 표현이 연출하는 어색함은 때때로 존경받는 사람의 지위를 급격히 떨어뜨린다. 품위 있게 존경 표현을 하려면 어느 정도 눈치가 있어야 한다. 최소한의 기본예절은 알아야 한다는 뜻이다.

◇◇◇

S#.11 회사 건물

어떤 회사의 사장이 손님과 면담을 했다. 면담이 끝난 후에 사장은 엘리베이터 앞까지 손님을 배웅하고 사무실로 돌아온다. 이 모습을 본 비서는 곧 손님과 접촉하게 될 직원들에게 지체 없이 전화를 건다. 직원들은 사장이 손님을 엘리베이터 앞까지 배웅했다는 사실을 알게 된다.

◇◇◇

사장의 행동은 대단한 존경 표현이다. 그 존경 표현이 손님의 지위를 높였고, 손님은 직원들을 대하면서 자신의 지위가 높다는 것을 느낀다.

지위놀이에서 가장 큰 효과를 발휘하는 것은 소소하고 진실한 존경 표현이다. 그 표현을 일상에서 찾아내려면 약간의 연습이 필요하다. 그것들은 작고, 눈에 띄지 않으며, 오직 받는 사람만을 겨냥하기 때문이다.

반면에 직장생활에서는 그런 존경 표현을 자주 발견할 수 있다. 실제로 사회관계의 상당 부분이 사소하고 진실한 존경 표현을 통해 형성된다. 진실한 존경 표현뿐만 아니라 '미숙한 존경 표현'이나 '존경에 대한 거부'도 흥미로운 연구 주제다. 당신이 예리한 관찰자라면 이런저런 상황에서 온갖 기쁨과 난처함, 불편함을 발견할 수 있을 것이다.

실수로 존경 표현을 하지 않거나 거부하는 행동은 고통스러운 결과를 불러올 수 있다. '명예살인'이라는 현상에서 볼 수 있듯이, 다양한 문화에서 그런 행동은 비극적이고 심지어 야만적인 결과를 낳는다.

교묘한 희생양 놀이

내면 지위도 낮고 외면 지위도 낮은데 성공적으로 경력을 쌓고 승진하는 사람들이 있다. 규모가 어느 정도 되고 가족경영 체제로 움직이는 회사에서 중간관리직을 맡아 소유자의 방패막이 노릇을 하는 사람들이 대표적인 사례다. 그들은 높은 지위를 가진 사람들의 인격과 지위를 수호하는 파수꾼 역할을 자처한다.

방패막이는 모든 허물을 뒤집어쓰면서 사장의 안녕을 지킨다. 그들은 사장 앞에서 한결같이 안팎으로 낮은 순응형 지위를 채택함에도 불구하고 항상 권력 근처에 머물기 때문에 회사에서 높은 존중을 받는다.

그들이 없으면 사장은 많은 문제에 부딪힐 것이다. 그들은 사장의 온갖 변덕, 불쾌감, 분노, 부적절한 행동, 부당한 처사를 참아 내며 중화하고 세탁한다. 그렇게 불평 없이 세탁부 노릇을 함으로써 그들은 권력 근처에 안정적으로 자리 잡는다. 상당히 복잡하고 굽은 길을 돌아 높은 지위를 획득하는 것이다.

책임 회피 놀이

나중에 일이 잘못되었을 때 "나는 아니야. 나는 이 일과 상관없어."라고 말하기 위해서 일찌감치 머리를 굴리는 사람들이 있다.

그런 사람들은 무슨 일이 어떻게 잘못되든 간에 이렇게 말한다. "나는 이렇게 될 줄 알았거든. 누가 물어봤으면 말해 줬을 텐데, 아무도 안 물어봤어."

이 책임 회피 놀이의 고수들은 결과가 나오기 훨씬 전부터 자신은 책임이 없음을 보여 주는 증거들을 모으고 정리하는 데 많은 시간을 들인다. 그러므로 그들은 프로젝트의 성공여부와 상관없이 원한다면 언제나 자신에게는 책임이 없다는 것을 증명할 수 있다.

회사의 구조와 문화가 어떻냐에 따라 책임 회피 놀이는 경력과 승진에 도움이 되기도 한다. 그들이 사용하는 전술 중 하나는 자발적으로 나서지 않는 것이다. 대신에 중요한 약속이나 밀린 과제들이 너무 많아서 일을 맡기 힘들다는 평계를 대고 잠재적인 위험성이 있는 활동은 되도록 동료에게 떠넘긴다. 일이 잘못되면 동료의 책임으로 돌리고, 잘되면 그 공을 독차지하거나 최소한 부분적으로 차지할 길을 찾아낸다.

이런 책임 회피 놀이에다 응답 놀이까지 숙달한 사람들은 결과를 상부에 보고하는 일을 독점함으로써 여유 있게 승진의 사다리를 오른다. 그들의 보고는 당연히 자신을 돋보이게 만드는 방식으로, 또는 불가피할 경우 "나는 책임이 없어요."라고 말하는 방식으로 이루어진다.

끼어들기 놀이

월요일 회의가 열렸다. 팀원들은 이번 주 일정을 논의 중이다. 급한 과제를 할당하고, 진행 중인 프로젝트들의 방향을 조정하고, 문제를 분석한다. 대부분의 의제는 평소와 다를 바 없이 다뤄진다. 늘 그렇듯 똑같은 사람들이 똑같은 의제에 대해 이야기하고, 몇몇은 말이 없다. 이들은 일부러 침묵하는 것이 아니다. 그저 수줍음이 많고 말수가 적은 성격이라서, 또는 항상 발언하는 사람들 앞에서 주눅이 들어서 침묵하는 것이다.

당신에게도 그렇게 수줍음 많은 동료가 있다고 해 보자. 그 동료와 당신은 같은 팀에서 일한다. 어떤 복잡한 문제가 논의되기 시작하자 당연히 활발한 동료들이 먼저 입을 연다. 뒤를 이어 수줍은 동료가 발언을 시작했는데, 곧바로 다른 동료 하나가 끼어든다. 그는 수줍은 동료가 하려던 말이 무엇인지도 모르면서 그 동료가 언급한 단어 하나를 빌미로 삼아 자기가 하고 싶은 말을 먼저 한다.

당신은 수줍은 동료와 이미 여러 번 이 문제를 이야기했기 때문에 그가 회의에 중요한 기여를 할 수 있다는 사실을 안다. 당신은 용기를 내어 다시 한번 발언 기회를 요청한다. 당신이 발언하는데, 곧바로 다른 누군가가 끼어든다. 당신은 또다시 발언 기회를 요청할까? 그럴 가능성은 희박하다.

이 예에서 우리가 주목하려는 것은 다른 사람의 말을 끊으면서 작동하는 끼어들기 놀이의 메커니즘이다.

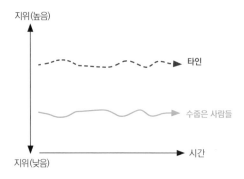

끼어들기는 나쁜 습관이고 소통의 질을 떨어뜨림에도 사람들은 때때로 상대방의 말을 끊고 끼어든다. 어떤 사람들은 툭하면 끼어들기를 당해 오랫동안 자신의 의사를 밝히지 못한다. 이들에게 끼어들기는 심각한 문제다.

자꾸 끼어들기를 당하는 사람들을 관찰하고, 그들의 신체 언어를 살펴보면 그들이 얼굴과 머리를 자주 만지는 것을 금세 확인할 수 있을 것이다. 그들은 발언에 앞서 입술에 손가락을 대거나 너무 빠르게 말하며, 입술을 깨물거나 머리를 긁기도 하고, 몸을 기울이거나 발음이 불분명하다. 그렇게 가능한 모든 조합을 통해 온갖 낮은 지위의 몸짓을 내보이고, 따라서 진지하게 대접받지 못한다.

자꾸 끼어들기를 당하는 사람들은 자신의 지위행동으로 문제를 자초하고 있을 가능성이 높다. 그들의 몸짓이 매우 분명하고 강한 힘을 발휘하기 때문에, 의사를 전달하기도 전에 반응이 나타나는 것일 수 있다. 끼어들기 놀이꾼들은 발언자의 발언 방식이 못마땅하며, 다른 청자들도 자신처럼 느끼는 것을 알기 때문에 끼어든다. 오히려 끼어들기를 당하는 사람들이 지위놀이의 기본 규칙을 위반한 셈이다. 말할 때는 다른 사람들이 듣고 수용할 수 있도록 적절한 태도를 취해야 한다.

끼어들기 놀이를 관찰하면 지위 몸짓의 위력에 대해 많은 교훈을 얻을 수 있다. 지위 몸짓을 감지하는 순간, 우리는 거의 판에 박힌 방식으로 반응한다. 낮은 지위 몸짓은 존중을 감소시키고, 높은 지위 몸짓은 존중을 증가시킨다. 이 효과는 놀랍도록 자동적으로 발생한다.

 지위 결정의 제1원리는 '자업자득'이다.

발표 놀이

당신은 어떤 강연이나 발표를 해야 한다. 청중은 무려 400명이다. 당신이 무대에 서면 핀조명이 당신을 비추고, 수많은 청중들이 당신을 바라본다. 게다가 청중 속에는 회사 사장도 참석해 있다. 당신의 첫 느낌은 어떨까?

"좋았어, 청중은 많을수록 좋아. 청중이 환호하게 만들어야지. 강연장을 열광의 도가니로 만들 거야. 내 유머감각을 공유할 기회가 생겨서 정말 기쁘군."

또는 이런 느낌일 수도 있다. "세상에, 이건 안 돼. 난 못해.

난 무대공포증이 있는데. 미친 듯이 떨릴 거야. 더듬거리고 헛기침을 해 대겠지. 죽을지도 몰라."

미리 일러두지만, 첫 번째 반응을 보이는 사람은 드물다. 만일 당신이 그런 사람에 해당된다면, 직업을 바꿔 무대에 서는 것을 신중하게 고려해 볼 만하다. 당신은 연극배우나 행사 진행자의 소질을 지녔다. 대중 앞에 나서는 일에 겁을 먹지 않고 흥분을 느끼는 당신은 평범한 사람이 아니다.

반면에 많은 사람들은 그런 상황을 생각하는 것만으로도 도망칠 궁리를 하게 된다. 심지어 록 가수 믹 재거Sir Mick Jagger도 무대에 오를 때마다 공포증을 느꼈다고 한다. 유명 피아니스트인 쇼팽Frédéric Chopin, 호로비츠Vladimir Horowitz, 키스 자렛Keith Jarrett도 거의 광기에 가까운 무대공포증 때문에 단 한 차례의 연주회도 못하고 수십 년을 보낸 적이 있다.

무대공포증은 400명의 청중을 앞에 두었을 때뿐만 아니라 동료 10명 앞에서 간단한 발표를 할 때도 나타난다. 당신이 무대공포증을 느끼는 사람이라면 동료 두서너 명 앞에서 발표할 때

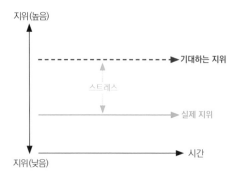

에도 식은땀을 흘리고, 아무 말도 생각이 안 나서 망신을 당할까 봐 두려워할 것이다.

무엇보다 먼저, 무대공포증은 당신만의 문제가 아니라는 점을 명심해야 한다. 청중이 얼마나 많은지와 상관없이 대부분의 사람들은 강연을 앞두고 무대공포증을 느낀다. 명심하고 또 명심하자. "누구나 나와 똑같은 불안을 느낀다!"

무대공포증을 극복하는 좋은 방법 중 하나는 다른 사람들이 무대에 올라 불안에 떠는 모습을 관찰하는 것이다. 다른 사람들은 어떻게 할까?

- 연설대를 경련이 일어날 정도로 꽉 움켜쥔다.
- 연설 원고를 자꾸 만지작거린다.
- 억양 없이 어색하게 말한다.
- 꼼짝 않고 빳빳하게 서서 양손을 어디에 둬야 할지 모른다.
- 시선을 이리저리 돌린다.
- 단어 선택에 연연하느라 말이 꼬인다.

능숙한 연설가들의 무대 위 모습도 꼼꼼하게 관찰해 보자. 극장이나 텔레비전에서 관찰해 봐도 좋다.

- 몸의 긴장을 풀고 움직인다. ― 근육이 유연할 때 생각도 유연해진다.
- 청중 속의 한 명, 한 명을 바라본다. ― 이 방법은 유서 깊고 효과적인 기술이다. 연설가들은 공감을 표하는 사람들을 찾

아내고, 그들에게서 긍정적인 피드백을 얻는다. 그러면 안정
감이 생기고 다른 많은 청중들을 잊어버릴 수 있다.

• 유머를 적절히 사용한다. — 유머는 마법의 탄환이다. 무대에
오르면 30초 내에 첫 농담을 던져 청중을 웃긴다. 그러면 다
들 긴장이 풀리고, 강연을 부드럽게 시작할 수 있게 된다.

당신은 아마 유머를 자유자재로 사용할 줄 모를 것이다. 이제
껏 한 번도 못해 봤을 것이다. 그러나 문제될 것은 없다. 능숙한 연
설가들이 어떻게 유머를 사용하는지 관찰해 보면 비법을 터득할
수 있다. 핵심은 당신 자신에게 높은 지위를 부여하는 것이다. 이
를테면 이런 식으로 스스로에게 말하는 것도 좋은 방법이다.

"이것은 놀이다. 나는 최선을 다해 이 놀이를 할 것이다. 나
는 숨을 필요가 없다. 시작하기 전에 불안하다고 시작조차 못한
다는 것은 말도 안 된다. 나는 과감하게 시작해서 수영도 배우고
자전거도 배우고 스키도 배웠다."

겁쟁이들의 진정한 문제는 다음과 같은 생각으로 스스로 자
신을 낮은 지위로 떨어뜨리는 것이다.

"난 못해. 이제껏 늘 못했어. 이번에도 못할 거야. 망치면 어
떡하지? 말이 헛나오면 어떡해? 유머가 잘 안 먹혀서 아무도 안
웃으면 어떡하지? 할 말을 잊어버리면 어떡해?"

 똑같은 문제라도 사람에 따라서 해결책이 다르다. 지위는
'무엇을 할 것인가'의 문제라기보다 '어떻게 할 것인가'의 문
제다.

목소리 놀이

전화로 들리는 목소리가 매우 설득력 있는 사람들이 있다. 그들의 목소리는 섹시하다. 그들이 말하면, 상대방은 즐겁게 경청한다. 그들은 타고난 목소리 미인이다.

목소리 미인들은 워낙 듣기 좋게 말하기 때문에, 아무것도 증명하지 않아도 단번에 능력과 권위, 품격을 인정받는다.

하지만 이때도 역시 중요한 것은 '무엇을 말하는가'가 아니라 '어떻게 말하는가'다. 소리는 소리만으로도 음악이다.

"목소리가 좋다"는 평판을 듣는 사람들은 놀랍도록 신속하게 자신의 지위를 바꾸는 능력을 지녔다. 그들은 말하는 동안 가상의 왕국을 건설하고 그 안에서 왕 노릇을 한다. 말이 끝나는 순간 그 왕국은 사라지고, 목소리 미인은 당연하다는 듯 높은 지위를 조용히 다시 내려놓는다.

목소리 미인이 말하는 동안 사람들은 그를 상상하는데, 그 상상이 실제 외모와 일치하는 경우는 극히 드물다. 우리는 목소리를 근거로 틀린 상상을 한다. 이 현상은 전화 통화뿐만 아니라

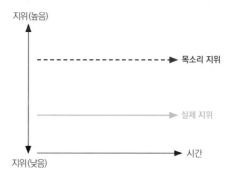

더빙된 영화를 볼 때도 발생한다. 어느 영화에 나온 배우의 목소리가 실은 다른 성우의 목소리라는 것을 이야기해 주면, 일부 팬들은 실망을 넘어 모욕감을 느낀다. 독일에서는 침착함과 섹시함의 대명사인 말론 브란도의 초기 출연작들이 하랄트 융케Harald Juhnke의 목소리로 더빙되었는데, 사람들은 융케의 목소리에 반했다가 그의 실제 외모를 보고는 크게 실망했다.

포장 놀이

어떤 이들은 이 놀이로 직장에서 어느 정도 성공하기도 한다. 동료의 말을 귀담아 들은 후에 자기 자신의 생각인 양 제시하는 것이다. 그들은 동료의 말을 제대로 이해하지 못했으면서도 그렇게 한다. 심지어 포장놀이를 하는 사람들을 위해 '내용을 전혀 몰라도 자신 있게 나서는 방법'을 가르치는 학원도 있다.

노련한 포장 놀이꾼들은 한 걸음 더 나아가 염치없는 표절까지 감행해서라도 높은 지위를 차지하곤 한다.

포장 놀이꾼들이 반드시 악하거나 음흉한 것은 아니다. 그들은 자아도취에 사로잡힌 사람일 수도 있다. 그럴 경우, 그들이 스스로 도덕적으로 그른 일을 했음을 깨달을 가능성은 희박하다. 도리어 그들은 남의 생각을 듣는 순간 자신이 이미 그 생각을 품고 있었다고 정말로 확신하면서 번개같이 끼어든다. 누군가 그것이 표절이라고 지적할 때 그들이 나타내는 당혹감은 연기가 아니라 진짜다.

그러나 이렇게 해석한다고 해서 그들의 행동이 정당화되는 것은 아니다. 포장 놀이꾼은 특히 직장생활에서 매우 불쾌한 존재다. 포장 놀이는 도덕적으로 볼 때 그릇된 짓이다.

성추행 ― 휘말리면 안 되는 놀이

어떤 여직원이 남자 동료를 제치고 승진을 하거나 프로젝트를 따낸다. 그녀의 승리가 확정되자, 경쟁에서 진 남자 동료가 결정을 내린 상사를 가리키며 나지막이, 그러나 여직원이 확실히 들을 수 있게 묻는다. "이봐, 부장님 잠자리에서도 훌륭해?"

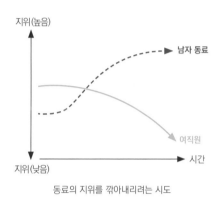

동료의 지위를 깎아내리려는 시도

이런 일은 현실에서 생각보다 자주 일어난다. 어떻게 대처해야 할까? 한 가지 좋은 해결책은 무반응이다. 하지만 그러면 남자 동료의 파렴치한 모욕과 경멸에 대한 분노가 남는다.

또 다른 해결책은 남자 동료의 말에 곧바로 정면 대응하는 것이다. 그러나 이 방법은 여직원의 지위가 확실히 높아서 남자 동료를 실질적으로 위협할 수 있을 때만 권할 만하다. 그럴 때는 방금 한 말에 대가가 따르게 될 것이라고 정식으로 통보하는 것이 좋다.

다른 사례를 보자. 한 여성이 어느 회사에 입사했다. 그녀는 아직 수습 기간 중이다. 그런데 사장에게서 연애편지를 받는다. 그녀는 입장이 난처하다. 사장과 개인적인 관계를 맺을 생각은 없는데, 어떻게 해야 할까? 잘못 대처하면 무슨 일이 벌어질까? 하지만 이때 그녀가 가장 먼저 던져야 할 훨씬 더 중요한 질문이 있다. "지금까지 내 행동이 어땠지?"

신입 직원은 항상 경계심을 가져야 한다. 지금 난처해진 직원은 언젠가 코앞의 일에 정신이 팔려 사장이 보낸 구애 신호에 무관심했거나 잘못 반응했을 것이다. 이런 경우에는 되도록 빨리 사장에게 관심이 없다는 신호를 보내는 것이 중요하다. 빨리 통보할수록 직장생활에 지장이 생길 위험이 적어진다.

연애와 섹스에 관해서 남녀가 주고받는 첫 신호들은 절대적으로 평등한 지위에서 오고 간다. 그런 신호들은 남녀가 처음 만날 때 당연하고 자연스럽게 교환된다. 확실한 신호 교환이 일어난 후에는 상황이 명료해지고, 누구도 기분 나빠하거나 상처를 입지 않으며, 헛된 기대를 품는 사람도 없어진다. 반대로 신호가

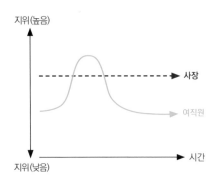

사장에게 퇴짜를 놓으려면, 여직원은 잠깐 동안 높은 지위로 올라가야 한다.

명료하지 않으면, 곧 복잡한 문제가 발생할 수 있다.

새 직장에서 일하기 시작할 때는 처음부터 내면 지위를 명확하게 채택하는 것이 중요하다. 그러면 어려움 없이 처음부터 올바르게 반응할 수 있다. 사장과 연애관계를 맺을 생각이 없다면 무의식적으로라도 구애 행동을 하지 않도록 신경을 곤두세우고 있어야 한다. 당분간은 옷차림에도 신경 써야 한다. 노출이 많거나 몸매가 두드러지는 옷차림을 보면서 상사들은 허튼 기대를 품기 쉽고, 그러면 신입 직원은 곧 곤경에 처할 가능성이 높다.

앞서 언급한 사례에서 여직원은 수습 기간을 채우지 못하고 해고되었다. 그녀보다 지위가 훨씬 높은 사장이 그녀가 뒤늦게 거부 의사를 밝혔다는 명분으로 권력을 발휘하여 그녀를 내쫓은 것이다. 그 사장은 기대에 사로잡혀 다른 아무것도 보지 못했다. 그런데 기대가 물거품이 되었다. 사장은 여직원에게 잘못이 있다고 판단했다.

물론 사장의 판단은 지극히 주관적이었다. 그 역시 오랫동안 온갖 신호들을 간과하고 잘못 해석했다. 하지만 사장을 탓한다고 상황이 달라지지는 않는다. 무의식적인 지위놀이가 계속 진행되면, 끝에 가서 권력을 발휘하여 복수하고 상대방을 비참하게 만드는 것은 항상 높은 지위의 놀이꾼이다.

옷차림에 관해서 한마디 덧붙이자면, 당연히 모든 사람은 자기가 원하는 대로 입을 권리가 있다. 자유로운 옷차림은 근본적으로 옳다. 그러나 옷차림이 하나의 구애 신호로 해석된다는 사실, 그리고 개개인이 타인의 해석을 일일이 통제할 수 없다는 사실도 마찬가지로 참인 명제다. 만일 누군가가 당신의 의도와 상관없이 그 신호에 반응하면, 당신은 자동적으로 연애 지위놀이에 휘말려 놀이를 시작해야 한다. 이 점을 빨리 이해할수록, 또 자신의 입장을 분명히 할수록, 격한 소용돌이에 휘말리는 일이 적어질 것이다.

왕따 ― 휘말리면 안 되는 놀이

왕따 놀이는 가장 잔혹한 지위다툼이지만 현실에서 꽤 자주 벌어진다. 왕따 놀이는 한 명의 희생자와 다수가 맞서 벌이며 대체로 결과가 좋지 않다. 양편은 외부에서 개입해 떼어 놓지 않으면 안 될 정도로 심하게 싸움에 휘말린다.

왕따 놀이의 핵심 요소는 다수가 특정한 개인을 공격해 다수보다 훨씬 낮은 지위로 떨어뜨리는 것이다.

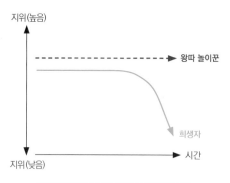

왕따 놀이꾼은 동료의 지위를 짓밟으려 한다.

다수가 이렇게 행동하는 동기는 다양하다. 특정한 개인이 가진 경쟁력에 대한 두려움, 희생양을 찾을 필요성, 복수심, 질투, 반감, 자아도취 등이 그 원인일 수 있다. 다수는 경쟁 상대자, 또는 그들이 경쟁 상대라고 생각하는 희생자를 약화시키려 한다. 그들은 희생자의 실수, 전문성 부족, 무능력, 성격적인 결함, 음흉함, 부정직함 등을 비난한다. 그러면서 온갖 인간적인 약점들을 들쑤시고 결국 무언가를 찾아내 그것을 주춧돌 삼아 전략을 짠다. 그들은 희생자를 헐뜯거나 함정으로 몰아 고립시키고 공동체에서 배척한다.

직장생활에서 왕따 놀이는 희생자의 건강을 악화시키며 때로는 희생자의 존재 자체를 위협하기까지 한다.

 관례와 다른 행동, 피부색, 옷차림, 사투리, 비만, 두드러진 근면함, 열정 등의 이유로 집단에서 구별되는 사람은 왕따 놀이꾼들의 표적이 될 수 있다.

사람은 누구나 실수할 수 있고 약점을 지녔다. 그렇기 때문에 사람들은 집단을 형성한다. 큰 집단에서나 작은 집단에서나, 가정에서나 직장에서나 어떤 사람은 이것을 잘하고, 또 어떤 사람은 저것을 잘한다. 따라서 집단 안에서는 개개인의 실수와 약점이 희석되고 정서적으로 용인된다.

그런데 왕따 놀이가 일어나면 완전히 달라진다. 왕따 놀이꾼들은 희생자의 작은 실수를 파헤쳐서 주변에 알린다. 심지어 그 실수를 엉뚱한 맥락에 집어넣고 점점 더 부풀려서 다른 사람들도 희생자의 작은 실수를 심각하고 위험한 것으로 여기게 만든다.

왕따 놀이는 인간의 어두운 면을 드러낸다. 왕따 놀이꾼은 공동생활에서 사람들에게 가장 중요한 요소인 '신뢰'를 파괴한다.

특히 좋은 친구라고 믿었던 사람이 갑자기 조언자 노릇을 할 경우, 인간에 대한 신뢰는 아주 심하게 무너진다.

◇◇

S#.12 휴게실

왕따 놀이꾼 너한테 할 말이 있어. 너무 기분 나쁘게 듣지 마. 개인적인 용건은 아니고. 아마 너도 눈치챘겠지만, 사람들이 하는 말이 있어.

희생자 무슨 말?

왕따 놀이꾼 내가 친구라서 이러는 거야. 네 업무능력을 좋게 평가하고, 또 네가 전적으로 내 편이라고 생각하니까. 그러니까 너를 아끼기 때문에 어쩔 수 없이 말해 주는 거야.

희생자 무슨 말인데 그래?

왕따 놀이꾼 사람들이 뒤에서 네가 문제라고 수군거려.

희생자 뭐가?

왕따 놀이꾼 상황이 어떤지 너도 알아야 할 것 같아. 사람들이 너를 비웃어.

◇◇

친구로 가장한 왕따 놀이꾼은 이런 식으로 대화의 물꼬를 트기 시작한다.

이제 희생자는 순식간에 고립되고 이내 집단에서 배척될 것이다. 적어도 희생자가 왕따 놀이에 참여하여 다수에게 어떤 반응을 표시한다면 어김없이 그렇게 된다. 안타까운 일이지만 희생자는 반응을 표시할 가능성이 매우 높다. 왜냐하면 왕따 놀이는 지극히 인간적인 면들을 나쁘게 부각하여 희생자의 성격과 기질뿐만 아니라 존재 자체를 문제 삼기 때문이다.

희생자는 강한 불안을 느끼고 감정의 토대가 흔들린다. 곧이어 재앙에 가까운 결과들이 발생한다. 희생자는 다수의 공격을 은밀한 살해 위협으로까지 느끼면서 두려움과 절망에 빠진다.

무엇이 다수를 왕따 놀이로 이끌까? 어떤 사람들은 왜 자꾸 왕따 놀이의 희생자가 될까? 한 가지 설명을 시도해 보자면, 왕따 놀이의 희생자 중에는 다음과 같이 낮은 지위 신호를 자주 보내는 사람이 많다.

- 자세 – 어깨를 늘어뜨리면서 큰 소리로 숨을 내쉰다.
- 시선 – 흘끔 보고, 시선을 돌리고, 다시 흘끔 본다.
- 목소리 – 흥분하면 목소리 톤이 높아진다. 스트레스를 받으면 말이 빨라진다.

이 모든 몸짓들은 "나는 지금 버거워, 약해, 어떻게 해야 할지 모르겠어."라는 뜻으로 해석된다.

왕따 놀이꾼이 보기에 이 몸짓들은 놀이를 시작하라는 신호다. 그들은 도움 신호를 보내는 발신자를 돕는 대신, 공격한다. "아무개는 벅찬 임무를 맡았다, 능력이 없다, 일을 방해한다, 우리는 땀 흘려 일하는데 빈둥거린다."

희생자는 자신의 내면 지위가 낮다는 것을 이런저런 방식으로 알려 자기도 모르는 사이에 왕따 놀이판에 오른 사람일 가능성이 높다. 이런 관점에서 보면 왕따 놀이를 유발하는 장본인은 왕따 당하는 희생자 자신이다. 그러나 희생자는 이를 눈치채지 못하며 이미 빤히 보이는 신호들조차 제대로 해석하지 못한다. 살인적인 왕따 메커니즘은 이렇게 작동한다.

왕따 놀이의 희생자가 될 수 있는 두 번째 유형은 무언가 특별한 능력이나 매우 인간적인 면모를 지닌 사람들이다. 예를 들어 학생이나 동료 교사와 정서적인 유대가 깊고 열정적으로 일하는 교사들은 낮은 지위 신호를 자주 보내기 마련이다. 그들은 가끔 자신의 사생활을 이야기하고, 규범을 벗어나는 유별난 옷차림을 즐기며, 타인이 요청하지 않아도 도움을 준다. 이런 행동들이 자기 자신을 내보이고 드러내는 낮은 지위 신호들이다. 따라서 이들도 왕따 놀이꾼들의 표적이 되기 쉽다.

희생자의 성취에 시기와 질투를 품은 왕따 놀이꾼들은 희생자를 짓밟으려 든다. 이 경우에 자주 사용되는 전술은 '뒤에서 수군거리고 헐뜯기'다. 왕따 놀이꾼들은 이 전술로 희생자의 지위를 한없이 떨어뜨려 아예 희생자가 발붙일 자리가 없게 만든다. 일종의 말살 전술인 셈이다.

그러나 이 메커니즘은 왕따 놀이의 한 유형에 불과하다. 왕따 놀이꾼들이 시기와 질투가 아니라 친근함에 대한 두려움을 품을 때 놀이는 더욱 잔인해진다. 이 경우에 그들은 희생자를 떨쳐내기 위해 인격적인 살인까지 서슴지 않는다.

이런 시각으로 보면 왕따 놀이꾼의 행동을 조금은 이해할 수 있을 것이다. 물론 그렇다고 그들을 용서할 수는 없다. 왕따 놀이꾼은 공동생활의 필수 전제인 신뢰를 파괴한다. 이는 용인할 수도 없고 용서할 수도 없는 행동이다.

왕따 놀이꾼과 희생자의 지위 양상은 다양하게 나타난다.

- 희생자보다 지위가 낮은 왕따 놀이꾼이 더 높은 지위로 올라가려 한다.
- 희생자보다 지위가 낮은 왕따 놀이꾼이 시기심에 이끌려 행동한다. 이런 저급한 형태의 시기심은 도덕적으로는 악행으로, 종교적으로는 대죄로 간주된다.
- 희생자보다 지위가 높은 왕따 놀이꾼이 자신의 높은 지위를 잃을까 봐 희생자를 없애려 한다. 이 경우에 왕따 놀이꾼의 행동은 실존적인 불안에서 비롯된다. 그는 자신이 큰 위험에 처했다는 생각에 생존을 위해 진심으로 싸운다.

왕따 놀이꾼은 희생자를 무자비하게 공격한다. 희생자는 이 잔인함과 음흉함, 냉혹함을 도무지 이해하지 못한 채 자신을 방어하려 애쓴다. 그런 희생자의 방어 노력과 함께 왕따 놀이의 치명적인 악순환이 시작된다. 악순환이 발생하는 가장 큰 원인은 희생자가 곧바로 낮은 지위를 채택하고 비난과 음모, 사실 왜곡과 의심에 대한 즉각적인 반응을 보이는 데 있다.

 비난을 받고 자동적으로 자기 정당화를 시도하면 불가피하게 낮은 지위로 떨어진다.

안타깝게도 우리 모두는 비난을 받으면 생각할 겨를 없이 신속하게 자신의 입장을 밝히려 한다. 그리고 그 입장 표명은 항상 자기정당화로 귀결된다. 그렇게 희생자는 총알이 발사되는 것처럼 즉각 낮은 지위로 떨어지기 때문에, 의식적이고 차분하게 비난에 대응할 타이밍을 놓치고 만다.

이 메커니즘은 어김없이 정확하게 작동한다. 희생자는 동료들의 비난을 위협으로 이해한다. 자신의 그릇된 행동으로 인해 집단에서 쫓겨날지도 모른다는 두려움을 갖게 되는 것이다. 집단에서 쫓겨나는 것은 생존을 위협하는 거대한 재앙이다. 추방된 개인은 비참한 외톨이가 된다. 그들은 생존의 위협이 닥쳤다고 느끼기 때문에 즉각적으로 반응할 수밖에 없으며, 결국 낮은 지위로 떨어지게 된다.

이제 왕따 놀이꾼은 희생자를 낮은 지위에 묶어 두고자 한다. 희생자가 훌륭한 변론으로 방어하면, 왕따 놀이꾼은 더 열을 내어 다음과 같은 주장으로 자신의 비난을 뒷받침한다. "다른 사람들도 다 나처럼 얘기해."

집단 전체가 자신을 비난한다고 하니, 희생자가 느끼는 위협은 더욱 커진다. 즉각 이어지는 희생자의 반응은 틀림없이 또 다른 자기정당화가 될 것이다.

그러면서 희생자의 지위는 더욱 낮아지고, 급기야는 스스로를 의심하기에 이른다. 희생자는 내면의 기반을 잃고 계속 추락하여 온갖 낮은 지위 신호를 드러내는데, 이로써 왕따 놀이의 악순환이 완성된다. 이제껏 무관심했던 사람들의 눈에 희생자가 꽁무니를 빼는 모습이 보인다. 그들은 이렇게 묻기 시작한다.

"저 친구 정말로 무슨 잘못을 저지른 거야?"

꽁무니를 빼지 않고 적극적으로 방어하는 희생자는 엄청난 스트레스를 받아 흥분하고 예민해진다. 이 반응도 이제껏 무관심했던 사람들의 눈에 띈다. 그들은 이렇게 묻는다. "저 친구 왜 저렇게 흥분하지? 그냥 헛소문이라면 침착하게 반응할 수도 있을 텐데."

이렇게 알게 모르게 희생자의 반응에 주목하는 사람들이 늘어나면, 소문은 더 무성해지고 복잡해지며 결국엔 집단 광기가 발생한다.

이런 시나리오가 진행되고 있다는 사실을 알아채기란 쉽지 않다. 왕따 놀이의 주된 토대가 간접적인 소통이기 때문이다. 그래서 흔히 피해자의 반응이 먼저 일어나고 왕따 놀이꾼의 행동이 나중에 일어나는 것처럼 보인다. 그러므로 왕따 놀이를 관찰하려면 양쪽을 동시에 관찰하면서 관계를 파악하는 것이 중요하다. 누가 무슨 이유로 누구를 공격하며, 희생자는 어떻게 반응할까? 이성을 잃고 허겁지겁 화를 내면서, 공격적으로 반응할까? 아니면 느긋하고 침착하게, 혹은 무기력하게 반응할까?

관찰자의 입장을 취할 때는 중립을 지키는 것이 매우 중요하다. 이것은 어려운 일일 수 있다. 특히 왕따 놀이의 진행과정 전체를 목격했고 희생자가 된 동료가 그리 악하거나 무능한 사람이 아니라고 생각할 경우, 자연스러운 정의감으로 희생자의 편을 들 가능성이 높다.

당연한 말이지만, 왕따 놀이를 관찰하고 분석하는 일은 즐거운 경험이 아니다. 그러나 만일의 상황에 대비해 왕따 놀이의 잔인한 메커니즘을 잘 알아 둘 필요가 있다. 누가 알겠는가. 당신이 관찰하여 속속들이 파악한 왕따 놀이꾼이 언젠가 당신에게도 앙심을 품고 왕따 놀이를 걸어올지 모른다.

왕따 놀이를 관찰할 때 가장 주목해야 할 점들은 다음과 같다.

- 누가, 어떤 지위를 차지하기 위해 어떤 놀이를 하는가?
- 왜 이렇게 거칠고 잔인한 분위기가 되었나?
- 만일 희생자가 낮은 지위를 버리고 높은 지위를 채택한다면, 상황은 어떻게 될까?
- 어떻게 하면 희생자가 그런 높은 지위를 채택할 수 있을까?

 왕따 놀이꾼이 공격을 해 오면, 맞대응하는 것보다 피하는 것이 낫다. 만일 피할 수 없다면 지위가 한 등급 높은 사람에게 도움을 청하는 것이 최선이다.

지위 예술가는
어떻게 할까?

지위놀이 솜씨는 직장생활에서 어떤 지위를 추구하느냐와 상관없이 중요하다. 낮은 지위를 선호하는 사람들도 승진을 추구하는 사람들과 다를 바 없이 도전에 직면한다.

놀이의 성공에 있어 중요한 점은 일단 자신의 입장을 명확히 정하는 것이다. 나는 안정을 원하고 조용히 일하면서 동료들과 좋은 관계를 맺길 원하는가? 아니면 변화와 모험과 고속 승진을 원하는가? 나는 현재의 수입에 만족하며 취미생활을 위한 더 많은 여유시간을 원하는가? 아니면 내가 지닌 에너지와 지능과 시간을 전부 직장생활에 투자하기를 원하는가?

이 질문에 대한 대답이 명확하다면, 지위놀이의 방향성도 명확히 할 수 있다. 무엇보다 안정을 원하고, 지나치게 힘들거나 지루하지 않게 적당히 일하면서 왕따는 당하지 않기를 바란다면, 낮은 지위를 선택하는 것이 좋다. 반대로 높이 올라가고 싶다면, 행동을 자제하며 낮은 지위를 채택할 때와 과감하게 높은 지위를 채택할 때를 구분할 줄 알아야 한다.

지위놀이에 능숙할수록 나에게 닥칠 수 있는 위험을 더 잘 대비할 수 있고, 상황이 뜻대로 진행될 확률도 더 높아진다.

지위 예술가의 행동 방식을 알아보기 위해 노르트 팀장이 등장했던 회의실 장면S#.6을 다시 한번 살펴보자.

직장에서 회의가 열렸다. 노르트 팀장의 발표가 진행되고 있는데, 사장이 끼어든다. 사장은 노르트 팀장이 시각자료를 이용하지 않은 것에 불만을 표한다.

◇◇◇

S#.6-1 회의실

노르트　면목 없습니다. 하지만 저는 오로지 개선방안을 실현하는 데 집중했기 때문에…….

사장　예, 됐어요, 됐어. 오늘은 이만 마치고 노르트 팀장님 발표는 다음 회의로 미룹시다. 다음엔 일목요연한 발표를 부탁합니다.

노르트　저기, 잠깐만요. 제 생각엔…….

사장　이미 말씀드렸죠. 오늘 회의는 끝났다고요.

◇◇◇

사장은 화가 났다. 노르트 팀장은 당황했으며 어쩌면 수치심까지 느꼈을 것이다. 사장의 높은 지위는 그의 직위뿐만 아니라 성격에도 토대를 둔다. 사장을 막아서기란 것은 불가능해 보인다. 그러나 과연 지위 예술가에게도 불가능할까?

만일 노르트 팀장이 지위 예술가의 경지에 오른 인물이라면, 상황은 어떻게 전개될까?

사장이 말한다. "방금 설명하신 부분을 우리가 일목요연하게 볼 수 없을까요?" 이 대목에서 노르트 팀장은 사장이 자신을 공격했음을 즉시 알아챈다. 사장의 몸짓과 목소리에서 공격성이 느껴졌기 때문이다.

우리는 누구나 상대의 몸짓과 목소리에 담긴 신호를 읽는 능력을 지녔다. 그러나 스스로의 직감을 믿고 일찌감치 폭풍우를 피하기보다는 그저 폭풍우가 옆으로 지나가려니 하는 막연한 희망을 품고 움츠러들곤 한다. 특히 이런 회의 상황에서는 더 자주 그렇게 반응한다.

그러나 명심해야 한다. 우리가 빨리 조종키를 움켜쥘수록, 상황의 악화를 막기 위해 지불해야 하는 대가가 줄어든다.

◇◇

S#.6-2 회의실

노르트   그래픽 화면은 나중에 제출하겠습니다. 오늘 저는 "실행하라. 핵심에 집중하라."라는 우리 회사의 좌우명대로 만반의 준비를 했습니다. 이 좌우명은 우리가 성공한 비결이기도 합니다. 저는 실제 자료들을 종합하고 중요한 논점들을 정리했습니다. 오늘 발표할 논점은 우

선 문제를 이해하고 장기적인 해결책을 모색하는 것입
니다. 지금 시작해도 될까요?

사장 아니, 무슨 말인지 모르겠군요. 여기 모인 사람들이 도
표 한 장 없이 팀장님 발표를 명확하게 이해할 수 있겠
습니까?

노르트 도표가 없어도 핵심 자료들을 모두 제시할 수 있습니
다. 세부적인 내용은 오늘 오후에 이메일로 알려드리겠
습니다.

◇◇◇

위 장면에서 노르트 팀장은 성취형 지위로 평정을 유지한다.
그는 내면으로 높은 지위를 차지하면서도 외면으로는 회사의 좌
우명을 내세우며 낮은 지위를 채택했다. 그 좌우명을 만든 사람
은 당연히 사장이다. 최소한 사장 본인은 그 좌우명에 동의할 수
밖에 없다. 다른 한편 노르트 팀장은 자신의 노력이 방치되거나
무너지지 않게 적극적으로 옹호했다. 사장으로서는 더 이상 그
를 깎아내릴 방법이 없다.

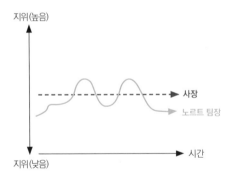

그럼에도 사장이 노르트 팀장을 깎아내리려면 호통을 치고 나무라는 수밖에 없는데, 그러기는 쉽지 않다. 앞의 장면에서와 달리 지금은 노르트 팀장이 적어도 일부 동료들의 도덕적, 감정적 지지를 얻었기 때문이다. 동료들의 긍정적인 감정이 팀장의 지위를 높였고, 이제 사장은 보이지 않는 강력한 저항을 무릅써야만 놀이를 자기 뜻대로 이끌 수 있다.

노르트 팀장이 사장에게 우아하게 물러날 기회를 주었다는 점도 놓치지 말아야 한다. 노르트 팀장의 치밀한 배려 덕분에 사장은 사태를 좋게 받아들이면서 체면을 구기지 않고 여유 있게 물러날 수 있게 되었다. 최선의 결과를 바라는 사장이라면 노르트 팀장이 만든 길을 선택할 수밖에 없을 것이다.

 지위 예술가는 내면의 목표를 고수하면서 그 목표를 달성하기 위해 외면적으로는 어떤 지위라도 능숙하게 채택한다.

4부

연애에서의
지위

사랑하는 사람들을 위해 자신을 희생하기 시작하면,
결국 그들을 증오하게 된다.
조지 버나드 쇼(1856~1950, 아일랜드의 극작가, 노벨문학상 수상자)

연애도
지위놀이다

거듭 말하지만, 지위는 사람들이 모여 있는 곳이라면 언제 어디에나 있다. 사람은 항상 자신의 지위를 알리고, 다지며, 쟁취한다. 그러니 연애라고 해서 예외일 수는 없다. 지위는 낭만적인 연애에도, 그렇지 않은 연애에도 스며들어 있다. 연애 관계의 본질적인 토대는 지위놀이다. 연애에서 지위놀이는 일상과 직장에서보다 훨씬 더 다채롭고 강렬하다. 연인들이 서로를 잘 알고 신뢰하며 의지하기 때문이다.

연애하는 사람들은 누구나 그때그때 상황에 따라서 끊임없이 자신의 지위를 확인하거나 바꾸려고 애쓴다. 연인들은 다양한 문제로 해가 바뀌고 또 바뀌도록 셀 수 없이 다투는데, 그 문제들의 뿌리는 대개 지위다툼에 있다. 상대에게 어떤 영역을 넘

겨주고 싶지 않아서, 항상 똑같은 불평을 참고 받아 줄 수 없어서, 상대가 말을 안 듣고 약속을 지키지 않아서, 이 구석 저 구석에 틀어박혀 변화하지 않아서, 단지 싸움을 걸어 와서, 또는 이밖의 많은 이유로 연인들은 싸우고 또 싸운다.

지위의 높고 낮음은 연애관계에서 특히 강렬하게 느껴진다. 연인들은 각자의 지위를 절실하게 느끼고 바라며, 방어하고 쟁취한다. 한마디로 연애는 전쟁이다. 연애를 시작하는 것은 큰 위험에 뛰어드는 것이다. 사람들은 목표를 달성하고 욕구와 열망을 충족시킬 수 있으리라는 기대를 품고 연애를 시작한다. 연애하는 사람들의 행동과 노력, 망설임과 악행 뒤편에는 삶 자체만큼이나 다양한 동기가 숨어 있다.

연애에서도 안팎으로 낮은 순응형 지위부터 안팎으로 높은 공격형 지위까지 네 가지 유형을 발견할 수 있다. 개인의 삶에 가장 주요한 영향을 끼치는 지위 유형이 연애에도 영향을 끼친다.

연애 관계에서 지위놀이를 할 때는 연인들이 서로 친밀하면서도 너무 얽매이지 않아야 한다. 그래야 어느 정도 자유가 존중되고 보장되는 효과가 발휘된다. 지위놀이의 전략은 희망과 필요에 따라 달라져야 하며, 각각의 전략에는 나름의 장단점이 있다.

 우리는 연애할 때 삶의 다른 분야에서보다 더 강렬하게 지위 상승의 가능성과 하강의 위험성을 느낀다.

연애하는 모두가
지위 예술가

연애하는 사람은 누구나 지위 예술가다. 비록 이 사실을 명확히 아는 사람은 드물지만, 일상과 직장생활에서는 특별한 재능을 지닌 사람만 발휘할 수 있는 솜씨를 연애할 때는 누구나 발휘한다. 연애하는 사람은 자신의 지위를 망설임 없이, 거리낌 없이, 이러쿵저러쿵 토를 달지 않고 간단히 바꾸는 솜씨를 곧잘 발휘한다. 아마도 상대방을 즐겁게 해 주고 배려하며 돕기 위해서일 것이다.

그런 아름다운 순간에 작동하는 메커니즘은 자기 자신의 울타리를 넘어서 다른 사람을 위해 무언가를 하는 능력, 자신의 생각과 행동의 중심에 상대방을 놓는 능력 때문에 생겨난다. 우리 모두는 천성적으로 이 능력을 지녔다. 상대방을 위해 행동했던 아름다운 순간을 나중에 회상할 때 사람들은 종종 이런 말 외에는 특별히 보탤 것이 없다고 느낀다. "그냥 해야 하는 일이니까 한 거야.", "상황이 그랬으니까…….", "내가 원한 일이야."

바로 이것이 자기 자신의 지위를 주체적으로 변화시키기 위해 필요한 에너지다. 행복한 연애와 사랑의 순간에는 그 에너지가 저절로 우러나온다. 애쓰지 않아도 넘쳐난다. 그러나 우리는 상황을 새롭게 바꾸기 위해서 그 에너지를 의식적으로 끌어내 사용할 수도 있어야 한다. 자기 삶의 연출자가 되려는 사람은 다음과 같은 근본적인 질문들을 곱씹어 볼 필요가 있다.

- 누가 각본을 쓰는가?
- 누가 연출을 하는가?
- 누가, 어떤 상황에서, 어떤 역할을 맡는가?

의식이 깨어 있는 지위 전략가는 이 질문들에 대한 대답을 토대로 삼아서 자기 삶의 기본적인 연출 방향을 정하고 그 방향을 그때그때 상황의 요구에 맞게 적용한다.

그러나 실천이 뒤따르지 않는다면 아무리 훌륭한 계획과 정확한 구상이라도 잿빛 이론으로 전락하고 만다.

지위 바꾸기를 위한 주문

의지를 실행으로 옮기는 데 실패하는 주된 원인은 당면한 상황에서 눈 깜짝할 사이에 불편한 입장에 처했을 때 손 쓸 도리가 없어져 버리기 때문이다. 다시 말해 순식간에 상황에 휘말리기 때문에 실패한다. 그렇게 휘말리면 더 이상 상황이 진행되는 것을 막는 것이 불가능해진다.

물론 우리가 무력할 수밖에 없다는 뜻은 아니다. 우리는 그런 상황에 대비하고 훈련하여 실제로 상황이 닥쳤을 때 용의주도하게 행동할 수 있다. 어차피 상황을 벗어나고자 한다면, 서툴게 벗어나는 것보다 능숙하게 벗어나는 것이 좋지 않을까?

우리는 진흙탕 같은 상황과 틀에 박힌 사건 전개를 이미 숱하게 겪었다. 이제 스스로 진흙탕에서 빠져나오는 능력을 터득할 차례다.

한 가지 방법은 이른바 '응급 주문'에 의지하는 것이다. 응급 주문은 자동적으로 진행되는 느낌과 생각을 차단하고 새로운 행동 계획을 세울 여지를 만들어 주는 한 문장이다. 이것을 마음에 새겨두었다가 필요할 때 속으로 외우면 된다. 원치 않는 지위로 떨어지기 시작하는 순간, 응급 주문을 외우면서 신속하게 지위 바꾸기를 실행할 수 있다.

이제부터 낮은 지위의 응급 주문과 높은 지위의 응급 주문을 따로 다뤄 볼 것이다. 상황의 자동적인 진행에 무의식적으로 휘말리지 않고 효과적으로 정신을 차리려면 응급 주문은 짧고 함축적인 것으로 만들어야 한다. 낮은 지위가 임박했을 때 사용할 만한 응급 주문의 예를 하나 들자면 다음과 같다.

"나를 끌어들이지 마!"

응급 주문을 사용할 때는 신체언어가 중요하다. 만일 내가 나를 상대로 이 주문을 외운다면, 어떤 방식으로 할까? 어떤 억양을 사용할까? 위협적으로, 또는 호소하듯이, 또는 애교 섞인 목소리로 외울까? 어떻게 외우냐에 따라 효과가 크게 달라질 것이다.

내면의 태도를 명확히 하려면 명확한 신체언어가 필요하다. 그러나 어떤 유형의 신체언어가 적합한가는 개인에 따라 다르다. 스스로 자기에게 맞는 신체언어와 말투를 발견해야 한다. 그러려면 어느 정도 실험을 즐기는 마음가짐이 필요하다. 조금만 연습하면 자기 자신에게 적합한 주문과 신체언어에 익숙해질 수 있다. 그 주문은 당신의 동반자가 되어 일상과 직장, 연애에서 지속적인 도움을 줄 것이다.

응급 주문은 어떻게 지위 향상에 기여할까?

내가 스스로의 의지와 상관없이 낮은 지위로 떨어지는 이유는, 누군가가 나를 상대로 내가 원치 않은 일을 했기 때문이다. 그런데 그럴 때 그 누군가가 악한 마음이나 숨은 의도를 품고 있지 않을 수도 있다.

하지만 그 사람이 무슨 이유로 정확히 어떤 일을 하는지는 우리의 논의에서 중요하지 않다. 응급 주문과 관련해서 그 사람의 동기는 그저 부차적인 의미를 지닐 뿐이다. 중요한 것은 내가 지금 원치 않는 지위로 떨어지는 중이라는 점, 그리고 그러고 싶지 않다는 점이다. 나는 지금 나의 지위가 낮아지는 것을 원치 않는다. 나는 능동적으로 상황을 주도하고자 한다. 그래서 이렇게 주문을 외운다. "나를 끌어들이지 마!" 이 문장은 내가 현 상황에서 이제껏 해 온 행동 말고 무언가 다른 행동을 해야 한다는 것을 일깨워 준다.

응급 주문은 신속하게 지위를 바꾸려 할 때 유용하다.

나의 현재 지위는 안팎으로 낮은 순응형이거나, 아니면 내면으로 낮고 외면으로 높은 허세형이다. 그래서 화를 내거나 욕을 하고 투덜거리거나 상대를 위협하기도 한다. 나는 그 지위를 원하지 않는다. 나는 내면으로 높은 지위를 원한다.

이 상황에서 효과적인 지위놀이 수단은 유머다. 유머는 나의 내면 지위가 바뀌도록 상황을 돌려놓는 데 매우 유용하다. 실제로 지위 바꾸기는 재미와 웃음을 동반할 때가 많다. 요점은 내 마음에 드는 태도를 구체적으로 취하는 것이다. 첫 시도가 실패로 돌아간다고 해도 걱정할 것은 없다. 조금만 연습하면 금세 솜씨가 향상될 것이다.

• 보충: 유머

유머는 강함과 약함을 결합하는 놀라운 기술이다. 유머는 위험이나 절망이 닥친 상황에서도 웃음을 일으키고 위기를 극복할 수 있다는 희망을 전달한다. 한마디로, 웃을 만한 상황이 아닌데도 웃게 만드는 기술이다.

그 웃음은 남의 고통을 즐기는 악마의 웃음이 아니다. 상대방의 불행이 즐거워서 나오는 웃음은 비아냥거리는 웃음, 냉소적인 웃음, 조롱하는 웃음에 가깝다. 반면에 유머는 원치 않는 상황에서 스스로 벗어나기 위한 최선의 방법일 때가 많고, 때로는 유일한 방법이다.

한 예를 들어 보자. 홀아비가 된 남편이 아내의 장례식이 끝나기도 전에 외딴 방 안에 누군가와 함께 있다가 조문객들에게 발견되었다. 그 누군가는 벌거벗은 채로 홀아비의 무릎 위에 앉아 그를 쓰다듬는 중이었다. 화가 난 조문객들 앞에서 홀아비는 절망한 말투로 이렇게 외친다. "아이고, 이 홀애비야, 아무리 슬퍼도 무슨 짓을 하는 줄은 알고 해야지."

훌륭한 유머의 핵심은 실제보다 더 어리석게 굴어서 겉보기보다 더 강해지는 것이다. 유머를 사용하는 사람은 불편하거나 절망적인 듯한 자신의 상황에 대해 스스로 논평함으로써 단번에 그 상황을 벗어난다. 그는 새로운 관점을 고안함으로써 상황을 더 잘 극복한다. 다시 말해 유머는 능숙하고 신속하게 자신의 지위를 낮추는 기술이다.

미국 소설가 존 치버 John Cheever 의 『헤엄치는 사람 The Swimmer 』이라는 책에 등장하는 어떤 여자는 이렇게 말한다. "남편은 폭군이었어요. 남편 앞에서 내가 어떻게 굴었는지 아세요? 마치 남편이 손수 진흙으로 나를 빚어 낸 것처럼 굴었다니까요."

이 여자는 상황을 벗어나고자 하는 피해자의 입장을 취할 뿐, 현명하고 유능한 사람으로 나서지 않는다. 외면적으로 상황에 걸맞은 역할을 하면서 내면적으로 상황을 통제하는 방식을 선호하는 것이다. 생각해 보자. 여자와 남편의 지위놀이에서 연출자는 누구일까?

그녀는 항복하거나 패배하지 않는다. 도리어 고통과 억압을 부정하고 웃음이 나는 쪽으로 상황을 돌린다. 그렇게 현실을 비꼬는 것이 재미있다는 사실을 부정할 사람은 아무도 없을 것이다. 여자는 불만을 거리낌 없이 표출하는 동시에 언뜻 보면 피할 수 없을 것 같은 고통을 다스리거나 벗어날 길이 있음을 알려준다. 이로써 여자와 남편은 둘 다 승자가 된다. 남편은 본인의 행위를 지속하고, 여자는 언제나 다시 신선한 유머의 힘으로 상황을 벗어난다.

낮은 지위를 높은 지위로 바꾸기 위한 응급 주문의 예로 아래의 문장들도 있다.

"그래, 기다려라. 내가 보어 주마!"

"잠깐!"

"이제 내 차례야!"

혹은 "무슨 말씀이시죠?" 또는 "예?"라는 간단한 질문으로 상황의 전개를 끊을 수도 있다. 이런 질문을 할 때는 적절한 어투를 쓰고 말끝을 위협적으로 살짝 올리는 것이 중요하다.

다음은 연습에 도움이 되는 몇 가지 규칙들이다. 나를 낮은 지위로 떨어뜨리는 상대방에 대비한 주문은 반말로 되어 있는 것이 좋다. 또한 위급한 상황에서 "어쩌면 상대방이 옳을지도 몰라. 혹시 내가 무언가 잘못한 것이 아닐까?"라는 고민은 금물이다.

절제하는 표현도 응급 주문에 바람직하지 않다. 예를 들어 "이젠 나도 말 좀 하자!"가 아니라 "이제 내 차례야!"가 적합하다. "혹시나……"라고 조건을 다는 것도 바람직하지 않다. 간단히 말해서 "내 말을 좀 들어 주었으면 해."가 아니라 "내 말 들어!"가 바람직하다. 마찬가지로 "나를 따라오면 좋겠는데……."가 아니라 "내가 가리키는 길로 따라와!"가 효과적이다.

또, 응급 주문은 속으로만 외워야지, 절대로 입 밖으로 내면 안 된다. 자기 자신에게만 내리는 은밀한 명령인 셈이다.

낮은 지위에서 높은 지위로 올라갈 때는 자신과 자신의 이익을 중심에 놓아야 한다.

응급 주문이 지위 하강에는 어떻게 기여할까?

높은 지위에서 낮은 지위로 내려가려 할 때 사용할 만한 응급 주문은 예를 들면 이런 것이다.

"제발 나를 좋아해 줘."

원치 않는데도 처하게 된 높은 지위에서 낮은 지위로 내려가기 위한 주문은 애원하는 말투, 달래는 말투, 화해하는 말투로 외우는 것이 적합하다. 그렇게 주문을 외우면 아마도 자연스럽게 고개가 옆으로 기울어지면서 몸의 긴장이 풀릴 것이다.

그런데 지위 하강을 위한 주문이 과연 필요할까? 그렇다. 원치 않는 높은 지위에 처한 사람은 거만하고 공격적이며 얕잡아 보는 태도를 취하기 쉽다. 그러면 부드럽고 외교적으로 처리할 수도 있었던 일로 상대방에게 상처를 주고 나중에 후회하는 일이 종종 발생한다. 자신의 반응이 과도했다는 깨달음, 일을 원만하게 처리할 수도 있었다는 깨달음은 뒤늦게야 찾아온다.

 지위놀이의 세 기둥은 다음과 같다.

- 원하는 지위를 정하라. (방향 설정)
- 침착하라. (주문)
- 흔들리지 말라. (연습)

의식적으로 높은 지위에서 낮은 지위로 내려오기 위한 효과적인 수단은 '겸손'이다. 겸손을 통해서 잠깐 동안 자기를 중심에서 밀어내고 구체적인 상황에서 자기가 이렇게 행동하면 상대방의 기분이 어떨지 헤아릴 수 있다면, 기적이 일어날 것이다.

거듭되는 말이지만, 비결은 연습이다. 상대를 헤아리는 능력도 연습하면 향상된다.

• 보충: 겸손

에리히 프롬 Erich Fromm은 "겸손이란 이성의 도움으로 감정적인 태도를 절제하여 자기애를 극복하는 것"이라고 말했다. 쉽게 말해서 겸손은 자기중심적 사고와 자기애를 넘어 다른 사람까지 있는 그대로 진지하게 받아들이는 태도다.

겸손한 사람은 상대방을 이용하여 자신의 뜻을 관철하지 않고, 오히려 동반자로 받아들인다. 또한, 겸손한 사람은 자기 자신만 중요하다고 생각하지 않는다. 그러므로 겸손은 공동체를 형성시키고, 이렇게 형성된 공동체는 구성원들의 합보다 더 크다.

겸손을 실천한다는 것은 다른 사람의 의지에 자발적으로 굴복한다는 것을 뜻하지 않는다. 겸손을 실천하려면 모든 관계자들의 바람을 지혜롭게 종합해야 한다. 겸손의 핵심은 각자가 자신의 뜻을 무조건 관철하겠다는 마음을 버리는 것이기 때문이다. 이렇게 겸손을 통해 성공적인 공동체가 형성되면 시너지 효과가 일어나고 결국 개개인은 각자가 투입한 것보다 더 많은 것을 얻는다.

겸손은 혁명적인 지혜다. 인간만이 겸손이라는 감성적인 능력을 의식적으로 발휘하고 계발할 수 있다. 겸손의 잠재적 효과는 엄청나다. 하지만 겸손을 당연한 덕목으로 일상생활에 정착시키는 것은 쉽지 않은 일이다. 우리는 겸손을 연습해야 한다.

다음은 높은 지위에서 내려오기 위해 사용할 수 있는 응급 주문의 또 다른 예시들이다.

"유감입니다."

"미안합니다."

"용서하십시오."

이 주문들은 진실한 마음이 담길 때만 효과를 발휘한다. 원하지 않음에도 내면에 품게 된 자부심을 떨어내기 위해 애원하는 듯한 신체언어를 쓸 수도 있다. 신체언어로 주문을 보강하는 것이다. 또한 "제발 용서해 주십시오."와 같은 깍듯한 존댓말로 주문을 외우면, 타인을 존중하는 마음을 불러일으키는 데 도움이 된다.

 높은 지위에서 낮은 지위로 내려오려면 상대방을 중심에 두어야 한다.

누가 누구와 함께 있으면
어떻게 행복할까?

지위에 대한 고찰은 행복한 연애에 도움이 될까? 사랑은 "노동, 노동, 노동"이라는 코미디언 하페 케르켈링Hape Kerkeling의 말이 옳다면, 사랑은 복잡해서 어려운 것이 아니다. 오히려 사랑은 끊임없이 키우고 관리하지 않으면 생명력을 잃기 때문에 어렵다.

모든 사랑은 구애求愛에서 출발한다. 구애는 가장 고차원적이며 가장 정교한 지위놀이다. 구애 행동을 하는 두 사람은 끊임없이 지위를 바꾸어 높은 지위와 낮은 지위를 오간다. 구애는 일종의 춤이며, 더구나 일상적인 지위놀이와 전혀 다른 춤이기 때문에 제삼자로서는 그 춤을 좋게 봐주기가 매우 어렵다. 구애하는 두 사람은 최고 수준의 지위놀이를 함과 동시에 기존의 지위

서열을 근본적으로 뒤흔든다. 그래서 지켜보는 제삼자는 불안을 느낄 수밖에 없다. 기존의 지위가 의미를 잃고 순전히 쾌락과 기쁨에 기초를 둔 순수한 놀이로 대체되면 현실이 위태로워지기 때문이다.

일상적인 지위다툼에서 우리는 사랑에 빠지는 일이 없고 따라서 운명적인 인연에 얽혀드는 일도 없다. 그런데 사랑에 빠진 사람들은 일상에서 차지한 지위를 섣불리, 조심성 없이 내던졌다가 잠시 후 다시 차지하기를 별 거리낌 없이 반복한다. 이런 행동은 너무나도 소모적이고 무절제하며 무엇보다 위험해 보인다. 만일 상대방이 갑자기 놀이를 그만두면, 어떡할 셈인가?

물론 사랑에 빠진 두 사람의 달콤하고 무의미한 속삭임을 들으며 고개를 가로젓는 제삼자의 마음속에는 약간의 질투도 들어 있을 수 있다. 사랑에 빠진 사람들처럼 일상에서 탈출하고 싶은 제삼자들도 아마 있을 것이다.

 구애는 최고의 지위놀이 연습이다. 구애를 해 보면, 지위놀이의 세계가 얼마나 다면적이고 다채로우며 복잡한지를 배우고 체험할 수 있다.

그런데 결혼을 하고 나면 어찌된 영문인지 모든 것이 사라진다. 한 가지 이유는 아마 변화무쌍하고 숨 막히는 지위 바꾸기 놀이가 더 이상 일어나지 않고, 따라서 상대방에 대한 관심이 줄어드는 데 있을 것이다.

아무튼 사랑에 일상이 진입하면 모든 것이 달라진다. 그러면 수많은 지위놀이들이 다시 재미없고 소모적이며 힘들고 무자비해진다. 그래서 결혼한 두 사람은 각자의 고립된 꿈과 열망, 두려움과 불안, 의심으로 복귀한다. 결국 두 사람의 태도와 지위행동은 근본적으로 달라지고, 사랑은 죽느냐 사느냐의 기로에 처한다.

이제부터는 여자와 남자의 주요 행동 특징을 지위놀이의 관점에서 고찰해 보려고 한다. 우리의 목표는 지속적인 사랑을 위한 지침을 발견하는 것이다. 테오도어 아도르노Theodor W. Adorno는 그 지침을 다음과 같은 문장으로 표현한 바 있다.

"당신이 약함을 드러내도 상대방이 강해지지 않을 때, 당신은 사랑받고 있다."

낮은 지위의 여자

연애에서 우리가 추구하는 가치는 빵집에서 새치기를 당했을 때 느끼는 분노나 직장에서 누군가가 공을 가로챌까 봐 느끼는 불안 같은 감정보다 훨씬 차원이 높다. 사랑의 핵심은 사람에 대한 근본적인 신뢰다. 당연한 말이지만, 그 신뢰는 쌍방이 함께 얻고 함께 잃는 상호신뢰다. 두 사람은 상호신뢰를 위해 각자 중요하고 복잡한 능력을 발휘해야 한다. 그러기 위해 편협한 자기중심적 사고를 벗어나 상대를 위하고 상대와 공감하며 관계를 자기 이익보다 앞세워야 한다.

그러므로 연애에서는 낮은 지위가 중요하다. 사랑과 행복을 융합하는 가장 효과적인 방법은 낮은 지위를 지혜롭고 적절하게 운용하는 것이다.

<hr>

S#.13 부엌, 이른 아침

아내가 방금 잠자리에서 일어났다. 남편도 일어났다. 남편은 왠지 기분이 좋지 않다. 아내는 아침밥을 준비한다. 남편이 식탁에 앉는다. 아내가 남편에게 커피를 따라 준다. 우유와 설탕은 남편이 직접 취향에 맞게 첨가한다. 그런데 설탕이 다 떨어졌다. 남편은 설탕이 없는 것을 알아챈다.

남편   항상 이렇다니까. 당신은 왜 맨날 뭘 잊어버려?

<hr>

아내는 설탕 사는 것을 왜 깜빡했는지 남편에게 설명할까? 남편의 얼굴에 커피를 끼얹을까? 당장 나가서 사무실 커피를 마시라고 말할까? 빨리 이웃집에 가서 설탕을 좀 얻어 올까? 아침밥을 준비했는데 이런 식으로 나오는 것은 뻔뻔한 짓이라고 따질까? 아무 대꾸도 안 할까? 당신 말이 옳다고, 자신은 건망증이 심하고 남편을 소홀히 대하는 나쁜 사람이라고 말할까?

당신은 어떤 반응을 선호하는가? 또 어떤 반응을 보일 가능성이 높은가?

자의식이 뚜렷한 여자

자의식이 뚜렷한 여자는 사리를 매우 잘 분별하고 타인에 대한 애정이 있으며 다정하고 사회적 지능이 높다. 한마디로 그녀는

228

가족의 중심이다. 장점을 많이 지녔으며 친근함을 추구한다.

자의식이 뚜렷한 여자는 지위놀이에도 능숙하다. 이들은 자신의 지위를 침착하고 솜씨 있게 바꿀 줄 안다. 이들은 대개 지위싸움에 특별한 관심을 두지 않기 때문에 내면으로 높고 외면으로 낮은 성취형 지위를 채택하여 가족의 평화를 지킨다. 솜씨 있게 자신의 이익을 관철하는 것이다.

자의식이 뚜렷한 여자가 사랑이라는 분야에서 자신의 지위를 능숙하게 운용할 수 있다면, 좋은 결과를 얻게 될 것이다.

● 리버럴 페미니스트

이들은 대체로 교육 수준이 높고, 성공적인 직장생활을 하며, 옷차림에 신경을 쓰고 계획성 있게 쇼핑한다. 또한 갈등을 해결할 줄 알고 믿음직스러우며 권위가 있다. 남편과 의견차이가 있을 때는 토론을 하며, 가끔 너무 많이 양보할 때는 있어도 남편에게 순종하지는 않는다.

이들은 사생활에서의 지위와 직장에서의 지위가 뚜렷이 다르다. 직장에서는 내면으로 높고 외면으로 낮은 지위를 어렵지 않게 채택하여 자신의 역할을 상황에 맞게 조절하는 반면, 사생활에서는 자주 문제에 부딪힌다. 사생활에서는 사랑과 애착, 배려와 호감이 직장에서보다 더 큰 역할을 하기 때문이다. 감정적인 측면이 강조될 때, 이들은 과감하게 높은 지위를 채택하기 어려워한다.

• 보수적인 스타일

자의식이 뚜렷하고 보수적인 여자들은 대개 박식하고 교육 수준이 높다. 남편의 자동차와는 따로 자신의 자동차를 직접 운전하는 주부들이 여기에 속한다. 이들은 직업교육을 받았지만 집에 머물면서 아내이자 어머니로 살며 그런 삶에 만족한다. 아이들에게 보수적인 가치관과 종교를 엄격하지는 않지만 일관되게 가르친다. 명절이 되면 애정과 노력을 기울여 집을 꼼꼼하게 장식한다. 웬만하면 남편의 생각을 따르며, 남편과 의견차이가 있을 때는 토론하지 않고 다른 방식으로 자신의 뜻을 관철하려 한다. 그러다 남편의 항의나 불만에 직면하면, 그 방식을 포기하고 나중에 다시 시도한다.

S#.14 차 안

어느 가족이 여행을 떠나고 있다. 아내는 가족끼리 즐겁게 주말을 보내고 싶다. 열세 살 먹은 딸과 열다섯 살 먹은 아들은 가족여행이 내키지 않는다. 남편은 동행하긴 했지만 혼자 조용히 있다가 돌아오고 싶다.

문제가 불거질 조건들이 잘 갖춰진 상황이다. 조만간 말다툼이 오갈 것이다. 아들은 뿌루퉁해지고 딸은 짜증을 부리며, 남편은 입을 다물고만 있기 때문에 아내의 바람은 이루어지지 않을 것이다.

아내가 구체적인 여행 계획을 가족들에게 설명하면서 감명을 주거나 여행이 재미있을 거라는 확신을 심어 주지 못한다면, 반드시 그렇게 될 것이다.

아내가 이 역할을 잘 해내려면 높은 내면 지위를 채택해야 한다. 제안을 내놓고, 가족들에게 의견이나 대안, 바람을 이야기해 달라고 요청하는 것도 좋은 방법이다. 이처럼 가족들이 입장을 명확히 밝히도록 이끌려고 할 때, 높은 내면 지위는 매우 중요하다.

아내가 외교적인 솜씨를 발휘하여 대화를 이끈다면 결과는 성공적일 것이다. 그중에서도 가장 성공적인 결과는 가족들이 자기가 좋은 아이디어를 내서 여행 계획에 기여했다는 느낌을 갖게 되는 것이다.

 좋은 의견을 가진 사람은 주저 없이 높은 내면 지위를 채택하는 것이 바람직하다.

소녀 취향의 여자

소녀 취향의 여자는 실제 나이보다 더 어리게 구는 것이 특징이다. 미니스커트를 입었든 정장 코트를 걸쳤든, 소녀 취향의 여자는 삼십대 중반에 이르러서도 여전히 소녀의 모습이다. 소녀 취향은 낮은 지위와 무슨 관계가 있을까?

소녀 취향의 여자는 자기가 맡을 수 있는 역할보다 더 낮은 역할을 맡는다. 사람들은 나이가 어린 사람에게 더 관대하기 때문에 소녀는 여기저기에서 책임을 회피하기가 쉽다. 이 점을 이용하여 소녀 취향의 여자들은 어른과 아이의 장점을 다 누리려 하는 것이다. 이들은 자기가 불편할 때는 상대방보다 더 작아져서 소녀가 되고, 조건이 맞으면 순식간에 성숙한 어른이 된다. 언뜻 보면 영리한 전략인 것처럼 보인다.

그러나 사랑하는 사람과의 관계에서 이 전략은 문제를 일으킬 수 있다. 연인이 제멋대로 역할을 바꾸는 것을 참아 줄 사람이 드물기 때문이다. 소녀 취향의 여자를 사귀는 사람은 연인의 진짜 모습을 끝까지 파악하지 못할지도 모른다. 게다가 그다지 너그럽지 않은 사람이라면 연인의 역할 바꾸기를 사소한 변덕으로 받아들이고 넘어갈 가능성은 없다고 보아야 한다. 따라서 둘 사이에 지속적으로 다툼이 일어날 것이 뻔하다.

◇◇◇

S#.15 집, 오후

남편과 아내가 저녁식사에 초대 받아 집을 나설 준비를 한다. 남편은 출발할 준비를 마쳤다. 아내는 옷을 반쯤 걸치고 화장실에서 화장을 한다.

남편　늦겠어. 서둘러.

아내　금방 끝나.

남편　10분 안에 도착해야 해.

아내　알았어, 알았어.

남편　얼마나 더 걸리는데?

아내　다 끝났어. 거기 선물 좀 포장해 줄래?

남편　무슨 선물?

아내　침실 탁자 위에.

남편이 선물을 발견한다.

남편	포장지는 어디 있는데?
아내	기다려, 금방 갈게.
남편	아냐, 시간 없어. 그냥 화장해. 포장지가 어디 있는지만 얘기해.
아내	나도 몰라. 찾아 봐야 해.

아내가 화장실에서 나와 한동안 뒤지다가 마침내 포장지를 꺼낸다.

남편	고마워, 이제 좀 서둘러줘.

아내가 부엌에 가서 가위와 리본을 가져온다.

남편	이건 내가 해도 되잖아. 가서 화장해.
아내	여기에 매듭을 하나 더 지어야 해. 그리고 카드를 넣을 생각인데…… 뭐라고 쓰면 좋을까?
남편	내가 할게. 제발 좀 서둘러. 5분 남았어. 지금 가도 최소 10분 지각이야.
아내	알았어, 알았어. 우리 말고 늦는 사람 또 있을 거야.
남편	그렇다고 우리까지 늦어야 하니?
아내	그러면 어쩌라고! 나 혼자 다 준비했잖아. 어차피 꽃집 도 들러야 해.
남편	뭐라고?
아내	달랑 책 한 권 들고 갈 수는 없잖아. 무슨 일이 있어도 꽃다발은 가져가야 해.
남편	지금 농담하는 거지?
아내	당연히 아니지! 커피 좀 타 줘. 정신이 하나도 없어서 한 잔 마셔야겠어.

언뜻 보면 앞의 상황은 아내가 더 높은 지위를 차지한 것처럼 보인다. 아내는 자기가 원하는 바를 알고 자신의 뜻을 관철한다. 그러나 정말로 아내의 지위가 높았다면 일을 혼란스럽게 만들지 않고 다르게 처리할 것이다. 반면에 이 장면 속의 아내는 혼란을 일으킨다. 산만할 뿐만 아니라 이것저것 둘리대며 혼란의 원인을 무시하려고 한다. 남편은 어떻게 대응할까?

지위가 낮은 남편은 짜증을 내거나 다툼을 포기하고 무작정 아내를 기다릴 것이다. 그는 자신의 뜻을 관철할 가망이 없고, 따라서 무기력하다. 반대로 안팎으로 지위가 높은 남편이라면 아마 혼자 출발하고 정시에 도착해서 아내는 할 일이 있어서 조금 늦는다고 양해를 구할 것이다. 그러면 당장의 상황은 해결이 되지만, 부부관계는 나빠진다.

다른 한편 내면 지위가 높고 외면 지위가 낮은 남편은 너그럽고 침착하게 반응할 것이다. 그런 남편은 자기들을 초대한 사람에게 전화를 걸어 조금 늦는다고 알린다. 그러면 상황이 부드러워져서 부부는 긴장을 풀고 다시 느긋하게 준비를 할 수 있다.

괴짜 같은 여자

'괴짜'라는 호칭을 명예로운 훈장처럼 달고 다니는 여자들이 있다. 그들에게 그 호칭은 독립성과 독특성, 나름의 장점을 의미한다. 그들은 스스로 규칙을 만들고 전통적인 사회적, 미적, 성적 역할 모델을 인정하지 않는다. 옷차림이나 말투, 생각도 남들과 다르고 때때로 지나치다 싶을 정도로 지위를 거부한다. 그들은 금기 위반을 좋은 행동으로 여긴다.

괴짜들은 아주 당연한 듯이, 때로는 어느 정도 자부심을 느끼면서, 사람들이 기대한 역할을 벗어나거나 자신의 사회적, 개인적 지적 수준보다 더 낮은 역할을 맡는다. 그들의 규칙 위반과 거부는 연출된 행동이다. 그 연출은 때때로 무의식적이지만 언제나 확고한 방향이 있다. 그들은 자신의 잠재력을 완전히 끌어내기를 거부하면서 낮은 지위를 지향한다. 그들에게는 경력과 결혼, 어머니 역할보다 반항이 더 중요하다.

혹시라도 괴짜를 사랑하는 상대가 이 독특한 성격을 좋아하지 않는다면, 끊임없이 싸움이 일어날 것이 뻔하다. 괴짜들은 낮은 내면 지위를 높은 외면 지위로 보상받으려 하기 때문이다. 싸움은 격렬하고 무자비하게 진행될 것이다.

◇◇◇◇◇◇◇◇◇◇◇◇◇◇◇◇◇◇◇◇◇◇◇◇◇◇◇◇◇◇◇◇◇◇◇◇◇◇

S#.13-1 부엌, 이른 아침

남편과 아내가 식탁에 앉았다. 남편은 설탕이 없는 것을 알아챈다.

남편	항상 이렇다니까. 당신은 왜 맨날 뭘 잊어버려?
아내	제발 그만둘 수 없어?
남편	뭘?
아내	나한테 윽박지르는 거.
남편	그럼 애초에 좀 믿을 만하게 행동하든가.
아내	무슨 뜻이야?
남편	아침에 설탕 없었던 거 이번이 처음 아니잖아. 나한테 알려 주기라도 해. 내가 사 오면 되잖아.
아내	좋은 생각이네, 당신이 사 와. 이제부턴 매일 아침밥도

	당신이 직접 차려 먹고.
남편	아하, 그래. 훌륭하군. 그럼 당신은 뭘 하고?
아내	당신이 하는 일을 흠잡고 깎아내릴 거야.
남편	아, 그래? 아주 재미있겠네.
아내	당신, 오늘부터 아침은 직장에서 먹는 게 나을 것 같아.
남편	뭐가 나은데?
아내	내 기분. 난 당신이 없는 게 더 좋으니까.

◇◇◇

이런 식의 말다툼이 끊이질 않는다. 둘 다 상대방에게 양보하지 않으며, 자기 입장만을 내세우고, 서로의 감정에는 관심을 기울이지 않으므로 싸움은 끝나지 않는다. 유일하게 가능한 변화는 싸움이 더 격렬해지는 것뿐이다. 무기는 더 날카로워지고 상처는 더 깊어진다. 결국 싸움은 두 사람이 이혼하거나 그보다 더 심한 일이 발생할 때까지 계속된다.

반면에 기적의 약인 겸손이나 유머를 투입하면 어떻게 될까? 누구에게 어떤 도움이 될까?

아마 두 사람 모두에게 많은 도움이 될 것이다. 한 사람이 중심에서 물러나 상대방에게 조금 자리를 양보하면, 추하기 그지없는 흥분은 금세 지나가고 다시 상대방의 장점들이 눈에 띄기 시작한다.

수더분한 여자

수더분한 여자들은 아무 색깔도, 향기도 드러내지 않고 단지 움츠리고 있다. 수더분하게 행동하는 것은 취할 수 있는 가장 낮은 지위를 취하는 것이다. 수더분한 태도는 다음과 같은 메시지를 전달한다. "나는 없는 사람이나 마찬가지다. 누군가의 부인도, 애인도 아니며 경쟁자는 더더욱 아니다. 나는 누군가를 화나게 할 만한 일을 하지 않는다. 어떤 일이 있어도 절대로 안 한다."

없는 사람처럼 구는 행동과 억제된 감정 표현은 사람들로 하여금 수더분한 여자를 진지하게 생각하지 않도록 만든다. 아무도 그녀에게 관심을 두지 않는다. 설령 그녀가 멋진 외모를 갖고 있다 하더라도, 그녀를 초대하거나 그녀에게 데이트를 신청하는 사람은 아무도 없다. 수더분한 여자는 자기 생일을 알리지 않는 편을 선호하고, 사람들은 그녀의 생일을 축하해 줄 생각조차 하지 않는다.

그러나 수더분한 행동 뒤에는 친밀한 관계에 대한 바람, 그리고 거리 두기에 대한 두려움이 크게 자리 잡고 있다. 그래서 수더분한 여자들은 아예 자리에서 빠지는 것보다 가장자리에 살짝 끼는 것을 더 좋아한다. 그러면서 이런 신호를 보낸다. "나는 없는 거나 마찬가지야. 나에게 신경 쓰지 마. 그냥 여기 앉아서 듣고 있을게. 나는 괜찮아." 이것이 솔직한 심정이다. 이들은 온갖 이룰 수 없는 꿈들이 실현되는 연애 드라마를 매우 좋아하는 경향이 있다.

수더분한 태도는 연애에 별로 도움이 되지 않는다. 늘 의견 없이 동의하고 뒤따르기만 하거나 밋밋하게 모든 것을 좋게 생각해 주는 사람과 오래 관계를 맺기는 쉽지 않다. 파트너는 그런 여자와의 관계에서 조언이나 반론, 긴장을 얻을 수 없다. 성적인 쾌락도 얻기 어렵다. 어느 무명 시인은 수더분한 여자를 두고 이렇게 탄식했다. "물감 얼룩 같은 여자…… 그녀가 좀 더 자신감을 가지면 좋을 텐데……."

◇◇◇

S#.16 테라스, 늦은 오후

남편과 아내가 함께 앉아 있다.

아내 여보, 뭐 좀 먹을래?

남편 아니, 됐어.

아내 내가 맛있는 요리를 할 수 있는데.

남편 나중에 먹고 싶을 때 하자.

아내 내가 뭔가 만들 수 있을 텐데.

남편 고맙지만, 나는 괜찮아.

아내가 부엌으로 가서 요리를 하기 시작한다. 30분이 지난다.

아내 여보, 다 됐어.

남편 아이고, 고마운데 난 아직 배가 안 고파.

아내 이리 와 봐. 내가 정말 맛있는 거 했다니까.

남편 조금 있다가 갈게.

아내 당신이 가장 좋아하는 거야. 당신을 위해서 특별히 만들었어.

남편 그래, 고마워. 근데 난 진짜로 지금 입맛이 없어.

아내 자아, 얼른 와. 입맛은 먹다 보면 생기는 법이야. 내가 맛있는 맥주 가져올게.

남편 아니, 조금 있다가 먹자.

아내가 맥주병을 따서 잔에 맥주를 따른다.

아내   아주 시원해. 한번 마셔 봐.

남편   아이, 지금은 싫은데.

아내   마셔 봐. 한 모금만.

남편이 맥주를 한 모금 마신다.

남편   좋네.

아내   맞지? 좋지? 돼지고기하고 궁합이 딱 맞는다니까. 여보, 지금 식탁 위에서 돼지고기가 당신을 기다려.

이런 상황이 하루 종일 계속해서 반복된다고 해 보자. 또 아내는 남편의 바람을 충족시키기 위해서 모든 일을, 정말로 모든 일을 한다고 전제하자. 그러면 이 부부가 어떻게 될지 쉽게 상상할 수 있을 것이다. 결코 좋은 관계가 유지될 수 없다. 이런 식으로 과도하게 챙겨 주고 상대의 요구를 충족시키다 보면 결국 막다른 곳에 도달하기 마련이다.

아내   춥지 않아?

남편   아니, 아주 딱 좋아.

아내   담요 가져다줄게.

가장 큰 위험은 위의 상황처럼 바라는 것이 없는데도 있다고 착각하면서 있지도 않은 소망을 충족시켜 주는 행동이다. 이 것은 현실을 외면하는 행동일 뿐만 아니라 상대방의 존중과 자기결정에 대한 욕구를 외면하는 행동이다.

낮은 지위의 남자

이제 낮은 지위의 남편들을 살펴보자. 부부관계에서 남편이 낮은 지위를 채택하는 것은 무척 어렵고 복잡한 경우다. 남자들은 낮은 지위를 채택함으로써 긍정적인 결과를 얻기가 여자들보다 더 어렵기 때문이다. 낮은 지위를 채택한 남편이 이후 상황을 연출하는 방식은 매우 복잡할 수밖에 없다. 자신의 행동이 전형적인 낮은 지위행동이라는 지적을 받으면, 일부 남자들은 깜짝 놀라거나 당장 싸움이라도 할 것처럼 화를 낼 것이다.

가정적인 남자

가정적인 남자는 가장의 역할에 충실하다. 그는 자기에게 어울리거나 자기가 꿈꾸는 자동차가 아니라 가족이 이용하기에 알맞은 널찍한 자동차를 몬다. 외모는 별로 매력적이지 않다. 옷은 아내가 챙겨 주는 대로 입고, 가끔 단조로운 직장생활과 가정생활을 벗어나기 위해서 친구들을 만나지만, 그 관계가 가족보다 중요하지는 않다.

가정적인 남자는 바람을 피울 줄 모른다. 대단한 지위 과시용품을 장만하거나 돈이 많이 드는 취미생활을 하지도 않는다. 가끔 드물게 모험심이 부추길 때 익스트림 스포츠를 즐기는 정도가 전부다.

그는 조깅으로 몸매를 유지하지만 이를 악물고 노력하는 것이 아니라 합리적으로 한다. 합리성은 그의 삶에 있어 일관된 좌우명이며 그에게 세상의 중심은 가족이다. 그래서 가족에 대한 책임감이 강하며 자신의 생각과 행동을 가족에 맞춤으로써 책임을 다한다.

가정적인 남자는 온갖 장비들로 집 안 곳곳을 손수 수리하고 정원의 잔디도 직접 깎는다. 스포츠팬이기도 한 그들은 응원하는 팀의 경기를 영상으로 시청하며 흥분한다. 그러면서 캔맥주를 마시고 카레맛 감자칩을 씹곤 한다.

가정적인 남자의 지위행동은 가족을 유지하고 보호한다. 이 테두리 안에서라면, 그들은 낮은 지위를 높은 지위로 바꾸어 가며 가족을 위한 최선의 행동을 할 줄 안다. 가족은 그가 그런 지위 바꾸기를 더 자주, 그리고 때로는 더 일찍 해 주기를 바란다.

◇◇

S#.13-2 부엌, 이른 아침

남편과 아내가 식탁에 앉았다. 설탕 이야기가 오간다.

남편   어? 설탕이 없어.

아내   아이고, 깜빡하고 못 샀네.

남편   설탕 없는 커피는 곤란한데.

아내   미안해.

남편   괜찮아. 내가 어제 식당에서 일회용 설탕을 몇 개 챙겼거든. 만일을 대비했지. 설탕이 떨어질 수도 있으니까.

아마 내 코트 주머니에 있을 거야.

남편이 일어나서 일회용 설탕을 가지러 간다.

◇◇◇◇◇◇◇◇◇◇◇◇◇◇◇◇◇◇◇◇◇◇◇◇◇◇◇◇◇◇◇◇◇◇◇◇◇◇

이렇게 간단하게 설탕 문제가 해결되고 아침식사가 순조롭게 진행될 수 있다. 이런 상황이 처음이 아니고 설탕이 떨어진 적이 몇 번이나 있었음에도, 남편은 자기 위주로 반응하지 않고 훌륭한 팀플레이어의 능력을 발휘한다. 그는 낮은 지위에서 대범한 마음가짐으로 가족 공통의 이익에 봉사한다. 그는 옳고 그름을 따지는 것보다 평화롭게 아침을 먹고 아내를 존중하는 것이 더 중요하다고 여긴다. 남편이 낮은 지위를 채택함으로써 설탕 몇 그램 때문에 발생할 뻔한 난처한 상황을 모면한 것이다. 이는 정말 대단한 연출이다.

 지위놀이의 온화한 힘은 높은 지위를 낮은 지위로 바꿀 때 발휘된다.

섬세한 남자
섬세한 남자들의 특징은 대체로 높은 지위를 고수하는 기존의 전통적인 남성상을 거부한다는 것이다. 이들은 힘, 권위, 성공, 실천력, 지도력, 보호를 거부한다. 원하지 않을 뿐더러 피하기 위해서 애쓴다. 따라서 섬세한 남자는 낮은 지위로 내려갈 수밖에 없다.

그러나 남성들에게 있어 낮은 지위를 채택하기란 간단한 일이 아니다. 낮은 지위는 남자들에게서 자동으로 나타나는 남성적인 반응 패턴들과 상충하기 때문이다. 그래서 섬세한 남자들은 남성적인 반응 패턴을 속으로 억누른다. 그런 원초적인 반응을 극복하려고 애쓰는 것이다.

따라서 이들의 행동은 약간 복잡하다. 남성적인 반응에 대한 거부는 대부분의 경우에 합리적인 추론이 아니라 이데올로기에서 비롯된다. 이를테면 평화주의나 생태주의 같은 순수한 이론을 받아들이고 전사의 태도를 확립한 남자들이 섬세한 남자가 되는 경우가 많다. 채식주의자들이 고기를 먹는 사람들을 경멸할 때 벌어지는 상황처럼, 섬세한 남자는 동료보다 자신의 이상을 더 추켜올리다가 존중과 호감 모두를 잃기도 한다.

전형적인 섬세한 남자는 남자들과 어울리기를 꺼리고 옷을 수수하게 입는다. 자동차는 친환경적인 것을 타고 다닌다. 하지만 반대로 아주 낡아서 매연을 적잖이 뿜어내는 자동차를 모는 경우도 있다.

섬세한 남자의 복잡한 변형으로, 무의식적인, 또는 억압된 지위놀이 욕구를 반려동물과의 우정을 통해 충족시키는 남자들이 있을 수 있다. 물론 반려동물을 키우는 남자가 모두 섬세한 남자라는 말은 아니다.

섬세한 남자에게서 높이 살 만한 점은 과도한 남성성을 지닌 남자가 여성성을 드러내는 남자보다 훨씬 더 많은 문제를 일으킨다는 그의 확신이다. 그는 남자들의 천박한 농담을 역겨워하고, 그런 농담에 전혀 재미를 못 느낀다.

섬세한 남자는 연애를 대하는 태도도 복잡하다. 자신이 정한 수많은 규칙을 따라야 하기 때문이다.

"나는 밤에 유능한 사람이 아닙니다. 그건 내 분야가 아니에요. 나는 여자를 유혹하지 않습니다. 너무 피상적인 행동이라고 생각하거든요. 차라리 누군가 말을 걸어오기를 기다리죠."

어쩌다 주도권을 발휘할 때조차 실례를 용서해 달라는 투로 접근한다.

"혹시라도 오해하지 마십시오. 남자가 여자에게 말을 건다고 해서…… 그런 뜻은 절대 아닙니다. 괜히 오해를 살까 봐 걱정이 되네요."

이런 태도 때문에 섬세한 남자는 이성과의 교류가 그리 많지 않으며 기존의 관계를 오래 유지하는 경우가 많다. 그럴 경우에는 보통 좋은 친구의 역할을 맡는다. 여자가 힘들 때 곁에서 고민을 들어 주고 이해심이 있어서 신뢰할 만한 친구가 된다. 아주 좋은 친구 관계에서 성적인 활동은 별 의미를 갖지 않기 때문에 가능한 일이다. 따라서 섬세한 남자는 모든 사람들과 편안하게 대화할 수 있다.

이 부분이 가장 중요한데, 섬세한 남자는 먼저 나서서 행동하지 않는다. 이 점 때문에 그들은 상대방의 생활에 큰 변화가 생길 때 곁에서 도와주는 사람으로 제격이다. 어쩌다가 커피 한 잔에 케이크 한 조각 정도는 바랄 수 있겠지만, 기본적으로 그들은 대가를 바라지 않는 사람들이다.

그러므로 섬세한 남자들은 어쩔 수 없이 연애의 변방에서 어슬렁거리며 제대로 된 만남을 향한 열망을 충족시키기 위해 인터넷 싱글 모임을 기웃거린다.

널디한 남자

널디_{nerdy}한* 남자의 기본 패턴은 사무직이며 소형차를 몰고 스포츠에 취미가 없다. 그렇다고 사무직이거나 소형차를 모는 모든 남성들이 너드_{nerd}라는 뜻은 당연히 아니다.

너드들의 핵심 특징은 패션과 아름다움에 관심이 거의 없으며 이 무관심을 옷차림뿐 아니라 자기 집 장식으로도 표출한다는 점이다. 이들은 사회적이고 사교적인 활동에는 열의가 없지만, 다른 한편으로는 실용적이다. 가구를 직접 만들고, 컴퓨터를 애용하며, 장난감이나 만화책을 모으고, 온갖 물건을 기가 막히게 수리한다.

너드는 아웃사이더이지만 스스로는 그렇게 생각하지 않는다. 그래서 너드의 지위는 흥미로운 얘깃거리다. 너드는 여러모로 자신의 틀을 벗어나지 않기 때문에, 지위놀이가 벌어진다고 해도 거의 알아채지 못한다. 불가피하게 지위다툼에 휘말릴 경우에는 분쟁을 피하고 신속하게 실용적이면서 비용이 적은 해결책을 찾는다. "꼭 그래야 한다면, 까짓것 내가 이렇게 하지……." "그래, 마음에 썩 드는 것은 아니지만, 뭐 어쩌겠어……."

널디한 남자들은 자기만의 세계에 살며 무엇보다 자신의 가치관과 취향을 우선시한다. 사회적이고 사교적인 다툼(다시 말해 지위놀이)은 되도록 피한다. 그러므로 너드는 낮은 지위를 차지할 수밖에 없다. 그들은 좀처럼 상대방과 맞서지 않는다. 그러므로 노련한 지위놀이꾼에게는 아주 쉬운 상대다.

---

* 한 가지에 깊게 빠져 다른 일은 신경쓰지 않는

널디한 남자는 연애할 때 수줍음이 많다. 그는 여자를 흠모하지만 아무것도 시도하지 않는다. 혹시라도 뭔가를 시도하면 확실한 역효과가 난다. 친밀한 관계를 원해서 누군가의 파트너가 되는 데 성공할 경우, 섬세한 남자와 마찬가지로 관계를 오래 유지하려는 경향이 있고 일단 움켜쥔 것은 잘 놓지 않는다. 너드는 파트너에게 충실하지만 별로 긴장을 유발하지 못하며, 신뢰할 만하지만 주도적일 때가 거의 없다.

지위가 낮은 두 사람이 만날 때

낮은 지위를 선호하는 남녀가 연애하면 어떻게 될까? 지금까지 제시한 유형들을 둘씩 조합해 아주 특이한 커플을 만들어 볼 수 있다. 너드와 소녀 취향의 여자, 섬세한 남자와 괴짜 같은 여자가 연애하는 것을 상상하기는 어렵지만 그럴 가능성을 아예 배제할 수는 없다. 사랑은 어디에서라도 싹틀 수 있고, 인간들 간의 관계는 다채롭다. 원칙적으로 불가능한 일은 없다. 당신도 한번 각 유형들을 조합해 보라. 낮은 지위의 여자와 낮은 지위의 남자를 다채롭게 조합하면서 그 결과를 상상해 보는 것이다.

둘은 처음에 어떻게 서로를 알게 될까? 첫 데이트는 어떻게 진행될까? 두 번째, 세 번째 데이트는? 서로가 애인이 된 것을 언제 알아챌까? 사랑에 빠지면 서로를 어떤 호칭으로 부를까?

이런 상황을 떠올려 보자. 아내는 매일 아침 빵집에 가서 남편이 먹을 신선한 빵을 사 온다. 굉장히 귀찮지만, 사랑하는 남편을 위해서 한다.

남편은 매일 아침 신선한 빵을 먹는다. 실은 빵을 그만 먹고 싶지만, 사랑하는 아내를 위해서 신선한 빵을 먹는다.

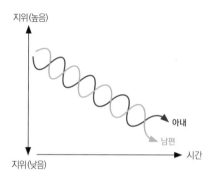

파울 바츨라비크의 이론에서 유래한 이 사례는 우리가 상대방에게 너무 잘해 주려고 할 때 무슨 일이 발생하는지를 재미있게 보여 준다. 이 이야기에서 주목할 만한 점은, 두 사람 모두 현실을 충분히 숙고하면서 행동한다는 사실이다. 둘 다 사려 깊고 도덕적이며, 문화적이고 감정이 풍부하다. 서로는 상대방이 무엇을 좋아할지 생각하고 거기에 맞게 행동한다.

그런데 서로의 생각을 검증하지는 않는다.

왜 검증하지 않을까?

상대방을 위한다는 것은 좋은 생각이다. 그러나 상대방의 눈을 보고 모든 욕구를 읽어 낸다는 것은 그리 좋은 생각이 아니다. 그것은 겉보기에 상대방을 위해 최고로 헌신하는 행동 같지만 사실은 상대방을 무기력하게 만드는 행동이다. 상대방의 눈을 보고 어떤 욕구를 읽어 내든 간에, 그것은 '해석'에 불과하며 상대방이 실제로 원하는 바와 상당히 다를 수 있다.

위의 이야기에서 남편과 아내가 신선한 빵에 대해 좀 더 많은 이야기를 나눈다면 뜻밖의 사실들이 드러날 것이다. 남편은 언젠가 여행 중에 아침식사로 신선한 빵을 먹었는데, 그날따라 유난히 기분이 좋았다. 아내는 신선한 빵 때문에 남편이 즐겁다고 해석했다. 그래서 어느 날 아침 신선한 빵을 사다 준다. 그러자 남편은 빵을 먹으면서 나름대로 최선을 다하여 즐거웠던 그때의 여행을 이야기한다.

이런 일이 반복되면 오해는 깊어질 수밖에 없다. 지나치면 위험해진다. 절제 없는 낮은 지위행동은 문제를 일으키는 법이다. 좋은 마음도 지나칠 수 있다. 서로에게 지나치게 잘해 주다 보면, 조만간 상당히 고통스러운 상황이 벌어진다.

 친밀함을 향한 욕구가 지나칠 경우, 낮은 지위가 가진 긍정적인 힘은 정반대로 돌변하여 파괴적인 힘이 된다.

높은 지위의 여자
– 범접하기 어려운 유형

안팎으로 지위가 높은 사람들이 있다. 남자에 비해 여자는 안팎으로 높은 지위를 채택하기가 훨씬 어렵다. 사회생활에서 여자에게 주어지는 높은 지위의 자리는 남자에게 주어지는 높은 지위의 자리보다 훨씬 좁다. 경제계, 정치계, 문화계를 포함한 각종 단체에서 선도적으로 활동하는 남성과 여성의 수를 비교해 보면 금방 알 수 있다. 물론 선도적인 여성들이 있지만, 인류의 절반이 여성이라는 사실을 생각할 때 공공분야와 사회분야에서 높은 지위에 있는 여성의 수는 턱없이 부족하다.

이처럼 자기 고유의 강한 성격을 활용할 기회가 부족하다는 사실 외에도 여러 이유 때문에 높은 지위를 선호하는 여자의 삶은 힘들다. 높은 지위의 여자는 욕망의 대상으로서도 도전에 직면하며, 그 도전을 쉽게 극복하지 못한다. 그들은 사적인 관심이 담긴 신호를 받으면 거의 자동으로 거부 신호를 보낸다.

그런데 가끔은 그런 거부 신호가 놀이를 하자는 제안으로, 혹은 구애를 당하고 싶다는 뜻으로 받아들여지기도 한다. 특히 마초들이 여자의 거부 신호를 그렇게 해석한다. 하지만 마초들은 여자에게 진지한 관심이 없고 여자를 단지 정복의 대상으로만 보기 때문에, 높은 지위의 여자는 더 냉정해지고 더 강력한 거부 신호를 보낼 수밖에 없다. 이미 몇 년 동안 그렇게 살아온 여자들은 다른 식으로 반응하기가 쉽지 않다.

높은 지위의 여자는 공적이고 사회적인 삶에서 자기가 차지할 공간이 부족하다는 이유로 위축되지 않는다. 그들은 남자들보다 더 열심히 일해야 하고, 실제로 그렇게 한다. 투덜댈 시간은 없다. 그들의 어마어마한 노동량은 때로는 일중독을 의심케 한다. 그들은 모든 업무를 떠맡는다. 그렇게 해야만 불투명하고 위험한 남자들의 관심에서 벗어나 마음을 편안히 먹을 수 있기 때문이다.

지위가 높은 여성들은 연애에 대한 강경한 거부감 때문에 대체로 사랑과 섹스에 대한 경험이 부족하다. 평생을 그렇게 사는 경우도 많다.

S#.17 영화 「007 카지노 로얄 Casino Royal」 중에서

지위 높은 여자가 지위 높은 남자와 만난다.

남자   그 여자가 아름답다는 게 문제야. 남들이 자기를 허투루 대할까 봐 두려워하더군.

여자   매력적이면서 지능이 좀 떨어지는 여자라면 누구나 그렇지 않을까?

남자   옳은 말이야. 하지만 그 여자는 평균 이상이야. 남자 옷을 입고 여자동료들보다 더 공격적으로 행동하지. 그래서 고집스러운 인상을 풍기고, 역설적이게도 남자 상사들의 인정과 지원을 받을 기회를 날려 버리지. 그들은 그녀의 불안을 거만함으로 오해하거든.

◇◇◇

시니컬한 여자

시니컬한 여자는 웬만해서는 감정을 허용하지 않기 때문에 살면서 부정적인 경험을 많이 했고 마음에 상처를 자주 입었다. 그래서 사회적 신분이나 교육수준과 무관하게 자기중심적인 경향이 강하다. 그들은 자신의 부족한 인생경험에 의지하여 두려움을 키웠다. 그래서 나쁜 경험과 고통스러운 실망을 다른 사람들보다 훨씬 더 많이 두려워한다. 이 두려움은 그들이 지위놀이 솜씨를 연마한 가장 큰 이유다.

그들은 누가 불러도 대꾸하지 않는다. 범접할 수 없는 존재이므로 전화도 받지 않는다. 그들을 만나려면 최소한 3주 전에 약속을 신청해야 한다. 그러고도 약속 시간 직전에 취소 통보를 받는 일이 비일비재하다.

그들의 옷차림은 최고 수준이다. 적절하고 능숙하며 우아하다. 항상 멋진 모습이다. 게다가 완벽하게 청결하고 화장은 수수하면서도 솜씨 있다. 집은 약간 차갑지만 수준 높게 꾸며져 있다. 건강관리에도 일가견이 있는데, 스포츠센터에 다니면서 엄격한 계획에 따라 꾸준히 운동한다. 달리기와 자전거 타기, 스트레칭을 하는 모습까지도 정말 멋지다. 그들의 외모는 흠잡을 데가 없고 식단은 세심하게 조절된다. 그런 한편 침실에는 큼직한 곰 인형을 놔두었을지도 모른다.

이런 여자가 사랑을 하려면 까다로운 조건들이 충족되어야 한다. 그들은 여러모로 완벽하다. 무엇보다 외모와 패션, 독립성과 자기규율이 완벽하다. 그러나 인생에 있어 중요한 또 다른 측면들, 즉 인생경험과 자신감, 신뢰에 있어서는 거의 무능하다. 그러므로 정말 예외적인 사람들만이 온갖 방어벽을 허물고 그들에게 도달할 수 있있다.

그들에게 적합한 상대는 다름 아닌 동화 속 왕자님, 또는 수많은 높은 지위 훈장을 달고 강력한 실천력으로 접근하는 영웅 같은 사람들이다. 그런 사람들에게 감성적으로 매혹당할 때만 시니컬한 여자는 완벽함과 냉정함의 갑옷을 벗는다. 많은 비용을 들여야만 그들과 닿을 수 있다는 것은 아니다. 대개의 경우, 유치한 행동들이 상당히 중요한 역할을 한다. 아무리 유치해도 지나치지 않다.

고전적인 문학작품과 영화에서 온갖 형태의 유치한 시나리

오를 볼 수 있다. 그런 시나리오는 높은 지위의 여자가 약해지고 사랑에 빠지는 과정을 그린다. 상대는 어김없이 멋진 영웅이다. 좋은 집안 출신의 젊은 남자가 여자에게 접근하여 끊임없이 구애한다. 영웅은 매력적이고 겸손하며 의지가 강하고 침착하다. 여자에게 비싼 선물을 주거나 풍성한 꽃다발을 보내고, 놀랄 만한 장신구를 선사하며, 유명인들의 저녁 모임에 데려간다.

여자는 처음에 이 모든 것을 거부하고 거들떠보지 않는다. 그러다 시간이 지나면 너그러워져서 영웅이 한 걸음 다가오도록 허용한다. 그러나 그가 더 다가오려 하면 곧바로 밀쳐낸다. 영웅은 다시 인내력을 발휘하면서 자신의 재력과 사회적 지위를 증명해야 한다.

모든 과정이 종결되기까지는 아주 오랜 시간이 걸리는데, 왜냐하면 여자가 매우 미숙하고 불안하기 때문이다. 그러나 그녀는 결코 내색하지 않고 자신의 미숙함과 불안을 냉정한 독립성 뒤에 효과적으로 숨긴다.

여자는 결국 왕자와 닿게 되지만, 이윽고 그가 자신이 원하는 것을 줄 수 없음을 깨닫는다. 그녀는 오래 고민하지 않는다. 만일 사회적, 종교적 관습이 이별을 허용하지 않으면, 왕자의 고난이 시작된다. 여자는 자신의 실망을 뚜렷이 표현하고 왕자로 하여금 끊임없이 불안을 느끼게 만든다.

관계는 점점 더 악화되고, 때로는 두 사람 모두에게 재앙이 일어난다. 여자의 불만은 두 사람의 삶에 재를 뿌리고 상대방에 대한 존중심을 돌이킬 수 없게 말려 죽인다.

강인한 여자

강인한 여자는 거리 두기를 원하기 때문에 거부하는 행동을
자주 한다. 그들은 언제나 신속하게 주도권을 쥔다. 거리 두기에
대한 욕구는 겉모습에도 반영된다. 보통 노출이 많은 옷차림을
하지 않으며 남성적이고 딱딱한 신체언어를 구사한다. 외모는
매력적이지 않으며 그렇더라도 옷차림으로 감춘다. 그들은 외모
에 큰 가치를 두지 않는다.

그러나 과거에는 달랐을 가능성이 높다. 강인한 여자들은 대
개 감성적이며 과거에 실망이나 상처를 많이 겪었다. 이들은 또
다시 위험에 뛰어들기를 원하지 않는다.

공격형 지위의 강인한 여자는 안팎으로 지위가 높으므로 결
정권자로 산다. 상대방이 방향을 제시하기 전에 먼저 행동하는
습관은 그들을 엄격한 어머니, 쾌활한 동료, 까다로운 사장, 소년
같은 친구, 명령하는 애인으로 살게 한다.

이들이 독신이고 중년이라면, 이미 연애에 대한 결론을 내렸
을 가능성이 높다. "난 남자는 싫어."라고 말하면서 혼자서 조용
히 휴가를 보내는 사람들이 이 부류에 속할 것이다. 그들은 연애
에 아주 무관심하지는 않지만, 연애는 매우 복잡하며 위험하다
고 여긴다. 그래서 연애를 더 이상 신뢰하지 않는다.

S#.18 길거리

남자와 여자가 산책을 한다. 식당 앞을 지날 때 여자가 잠깐 쉬면서 간
식을 먹자고 제안한다.

남자	글쎄…….
여자	배 안 고파?
남자	약간은 고픈데, 확실히 고프지는 않아.
여자	그러면 뭐 간단한 것만 먹어.
남자	조금 더 가서 다른 식당에 들어가자.
여자	다음 식당까지 얼마나 먼지 알아?
남자	아니, 당신은 알아?
여자	나도 몰라.
남자	아마 별로 안 멀 거야.
여자	한 삼십 분쯤? 아니면 한 시간?
남자	그렇게나 멀까?
여자	나도 몰라. 추측이야. 그냥 여기 들어가자.
남자	글쎄…….

이런 대화가 잠시 계속된다. 상황이 더 껄끄러워지지 않으려면, 이제 결정을 내려야 한다.

마침내 여자가 말한다.

"아무튼 난 여기 들어가서 뭐 좀 먹을래. 당신은 따라오든지 밖에서 기다리든지 해."

또는 이렇게 말한다.

"내가 당신을 초대할게. 자, 들어가서 맛있는 간식을 먹자."

첫 번째 경우에 여자는 안팎으로 지위가 높은 공격형 지위를 선택한 반면, 두 번째 경우에 여자는 내면으로 높고 외면으로 낮은 성취형 지위를 채택하는 데 성공했다.

 결정을 내리지 못하는 사람을 이끌 때, 세심하기로 마음먹으면 좋은 기회를 잡을 수 있다.

호전적인 여자

이 유형의 여자들은 외면 지위가 높아서 자신 있게 나서지만, 내면 지위가 낮아서 자기가 약하다고 느끼기 때문에 항상 자기를 증명해야 한다. 그러기 위해서 이들은 자기 남편을 비롯한 다른 사람들을 경쟁상대로 여기며, 때로는 반대와 반발을 행동 원리로 삼는다. 상대방이 A라고 말하면, 호전적인 여자는 B라고 말한다. 이들은 지적인 수준이 높거나 재치 있고, 항상 논쟁에 능하며 자기 입장을 솜씨 있게 내세운다.

강한 입장에 강한 입장으로 맞서면, 원리적으로 모든 것이 의문시되기 마련이다. 따라서 강력한 저항은 지위가 새롭게 설정되도록 만드는 탁월한 방법이다. 특히 지위놀이가 자신에게 불리한 방향으로 전개될 때는 모든 것을 원점으로 되돌려 다시 시작하도록 만들 필요가 있다.

이때 논쟁은 무엇이 실제 사실이냐를 놓고 이루어진다. 하지만 그것은 겉모습에 불과하다. 진짜 논쟁은 관계를 둘러싸고 벌어진다. 이처럼 거론되는 주제와 숨은 내용이 다르기 때문에, 지위싸움은 영원히 끝나지 않을 듯이 계속된다.

호전적인 여자의 목표는 사람들의 주목을 받는 것이다. 그러면서도 그들은 사실의 차원을 벗어나지 않기 위해서 상대방이 싸움의 원인을 파헤치려 하면 이해를 못하는 것처럼 굴거나 논쟁을 해결의 가망이 없는 방향으로 이끈다.

예를 들면 이렇게 말하는 것이다. "여자들은 원래 이래." 또는 이렇게 말하기도 한다. "남자들은 이해 못해."

호전적인 여자들은 교묘하게 도발함으로써 상대방의 거친 반응을 이끌어 내고, 그 반응을 빌미로 삼아 상대방에게 책임을 전가한다. 이런 싸움에서는 책임 문제가 제기되기 마련이다.

◇◇◇

S#.19 공항

항공권 발급 창구에 남편과 아내가 서 있다. 남편이 항공사 직원에게 예약증을 건넨다.

직원   (예약증 돌려주며) 이 예약증은 내일 날짜로 된 예약 건입니다.

아내   그럴 리가, 말도 안 돼.

남편   정말 내일 날짜로 예약이 되어 있네. 어쩔 수 없겠다…….

아내   무슨 소리야, 우린 오늘 가야 해. 무조건 오늘 가야 된다고. 왜 내일에야 갈 수 있다는 거야? 당신이 잘못 예약했어?

남편   아마 그런 것 같아.

아내   어떻게 그런 멍청한 짓을 해? 오늘 가야 해. 무조건.

남편   여보, 내가 날짜를 착각했어.

아내   지금 말해 봐야 아무 소용없지. 오늘 못 가면…… 아아…… 어떡해, 이건 재앙이야.

남편 어떻게 할지 한번 생각해 보자.

아내 할 수 있는 게 없잖아. 우리는 오늘 항공권이 없어. 바보처럼 멍하니 서 있는 것밖에 더 할 게 있어?

남편 예약을 한번 변경해 볼게.

아내 쓸데없는 짓이야. 휴가철인데, 전 좌석이 매진일게 뻔하잖아. 게다가 예약을 변경하면 할인 혜택도 못 받아서 돈이 엄청나게 더 들고. 혹시라도 항공권이 있을까……. 아냐, 없을 거야. 지금은 휴가철이라고.

◇◇◇

어떻게 하면 남편은 상황이 악화되는 것을 막고 긍정적인 해결책을 모색할 수 있을까? 남편은 내면으로 높고 외면으로 낮은 성취형 지위를 채택해야 한다. 남편은 이렇게 말할 수 있다.

"내가 예약을 바꿔 볼게. 일단 카페로 가자. 당신은 커피 한잔 하면서 기다려. 당신 지루하지 않게 가는 길에 책도 한 권 사자."

중요한 계획이 어긋나면 대개 조급해지기 마련이지만, 그럴 때는 언제나 침착함을 유지하는 사람이 유리하다. 모두들 조급해지거나 공황에 빠져 시야가 좁아질 때, 침착한 사람은 상황에 대한 통제권을 장악한다. 그는 조급함 때문에 빨라진 말과 행동을 다시 늦춘다. 스트레스 상황에서 '느림'은 명확하게 높은 지위 신호다. 그런 신호를 보내는 사람은 지위놀이를 유리하게 이끌 가능성이 매우 높다.

약간 무례한 다른 전략들도 있다. 예를 들어, 상대방을 기다리게 만드는 행동은 높은 지위를 확고하게 다지는 효과를 발휘한다. 그 행동은 상대방의 시간을 빼앗는다.

사람을 기다리게 하는 것은 과거에 왕의 특권이었다. 식사와 축제, 예배를 비롯한 모든 궁정 활동들은 왕이 나타나야만 시작할 수 있었다. 왕은 이 특권으로 궁정을 통제했다.

연애할 때 평정심으로 이런저런 상황을 부드럽게 만드는 것은 확실히 이로운 행동이다. 예를 들어 두 사람이 말다툼을 하며 상대방을 비난하고 성격상의 단점들을 꼬집는 상황에서는 평정심을 발휘할 필요가 있다. 이런 상황에서 자기 자신의 말과 행동을 늦추고 상황의 전개를 늦추는 사람은 대화를 다시 긍정적이고 너그러운 방향으로 이끈다.

높은 지위의 남자
− 매력적으로 보이지만 결국 실망시키는 유형

이제부터 높은 지위의 남자라는 하나의 명칭 아래 몇 가지 전형을 살펴볼 것이다. 일부 속성은 반복해서 등장할 것이며, 미묘한 차이는 사람들 개개인의 차이만큼이나 다채로울 것이다.

상류층 남자

상류층 남자는 매력적이고 문화적이다. 달변가이며 여성의 손에 입을 맞추는 옛 인사법의 대변자이기도 하다. 고전적인 옷차림을 즐기고 교육 수준이 높으며 다양한 사회 집단에서 적절하게 행동할 줄 안다.

겉보기에 그들은 자신의 지위를 내세우지 않는 것처럼 보인다. 이해할 만한 사람들만 이해할 수 있는 신호로 지위를 표현하기 때문이다. 테두리에 바느질자국이 있는 구두와 몸매에 맞게 재단된 정장을 어느 지역의 어떤 장인이 만드는지 누가 알겠는가? 옷에 새겨진 마크가 무슨 뜻인지, 장인을 나타내는 표식인지 아니면 입은 사람의 명예를 나타내는 표식인지 누가 알겠는가? 그들만의 세계에는 지위와 재산, 명예를 나타내는 그런 세세한 표식들이 넘쳐나고, 선택된 소수만이 그 표식들을 이해할 수 있다. 나머지 사람들은 그 소통체계에서 배제된다.

물론 평범한 사람들을 겨냥한 신호들도 있다. 왜냐하면 그들도 자신이 상류층을 상대하고 있음을 알아야 하기 때문이다. 어느 상류층 자제가 사냥개 두 마리를 데리고 동네를 산책한다. 평범한 사람들은 그 땅이 그의 소유라는 것까지는 몰라도 된다. 하지만 개들이 잘 관리되어 있으며, 길을 잘 알고 충성스럽게 그를 따르는 것은 보아야 한다.

상류층 남자는 정기적인 생업에 종사하지 않는다. 언제나 시간과 여유가 있다. 시간이 없을 때는 정기모임이 있거나 어느 파티에 참석하여 연설할 때뿐이다. 차고에는 오래된 자동차 몇 대가 있고, 외출하기 좋은 화창한 날씨에 언제라도 바로 끌고 나갈 수 있도록 완벽하게 관리되어 있다.

상류층 남자의 말투는 감동을 주며 설득력이 있다. 대화 상대가 누구든 상관없이 공감을 불러일으킬 줄 안다. 마치 타고난 듯이 아무 어려움 없이 외교적인 화술을 구사한다. 그들의 높은 내면 지위는 화술에서 가장 잘 드러난다. 상류층 남자는 누구와

도 눈높이를 맞추어 대화할 수 있다.

그들은 자연스럽게 높은 지위로 산다. 높은 지위는 그들에게 더할 나위 없이 당연하다. 그들은 높은 지위를 쟁취하지 않는다. 쟁취할 이유가 없다. 그들은 그냥 지위가 높다. 항상 그랬고, 앞으로도 그럴 것이다.

◇◇◇

S#.20 쇼핑센터

잘 차려입은 남자가 쇼윈도에 진열된 책을 보면서 담배에 불을 붙인다. 경비원이 나타난다.

경비원　담배는 안 됩니다. 금연이라고 쓰여 있지 않습니까?

남자가 놀라서 경비원을 바라본다.

경비원　말 안 들리세요? 담배 끄세요.

남자는 의외라는 듯이 눈썹을 치켜올리면서도 여전히 여유를 잃지 않는다. 경비원은 불안해진다.

경비원　담배 좀 꺼 달라고 부탁드려도 될까요?

남자가 보일 듯 말듯 미소를 지으며 경비원을 바라본다.

남자　저한테 하시는 말씀인가요?

경비원　예, 맞습니다. 여기는 금연구역입니다.

남자　당신이 친절한 태도를 되찾으셔서 기쁩니다. 저는 생각에 잠겨 있었어요. 담배는 당연히 끄겠습니다.

경비원　예, 고맙습니다.

잘 차려입은 남자는 다시 진열된 책으로 시선을 돌린다.

◇◇

가부장적인 남자

가부장적인 남자는 자신감 있게 가족과 회사, 주변을 이끈다. 그들과 관계를 맺고 있는 모든 사람들이 그에게 의지한다. 그들은 전통에 뿌리를 두고 평정과 자신감을 유지하며 언제나 무엇을 할지 아는 것 같은 인상을 풍긴다. 어려운 상황이나 위기에 처해도 마찬가지다. 그들은 어느 정도의 배려와 선의로 주변 사람들을 보수적인 방향으로 이끈다.

하지만 꼭 필요할 때는 엄격하고 완강한 태도를 취해서라도 세상의 균형을 유지한다. 아무것도 변화하지 않도록, 해와 달이 원래대로 흘러가도록 만든다. 가부장적인 남자는 일관성을 좋아하므로 자신의 삶에 모험의 여지를 남겨두지 않는다. 그들의 반려견은 경비견이고 자동차는 일요일만 타는 구식 자동차와 주중에 타는 편안한 리무진이 있다.

가부장 유형의 남자는 모든 것을 통제하려는 경향이 있다. 그래서 사람을 믿고 일을 맡기지 못한다. 그들은 모든 일을 직접 해야 직성이 풀리는 사람들이다.

◇◇

S#.21 주차장

남편과 아내가 자동차에 탄다. 남편이 시동을 걸기 전에 마지막 점검을 한다.

남편	부엌 한번 살펴봤어?
아내	응.
남편	오븐 껐어?
아내	껐어.
남편	커피머신 코드는 뽑았어?
아내	응, 뽑았어.
남편	냉장고 문은 잘 닫았고?
아내	응.
남편	확실해?
아내	확실한 것 같아.
남편	확실한 것 같은 게 뭐야? 확실해, 불확실해?
아내	난 확실하다고 생각해.
남편	내가 보고 올게.

남편이 차에서 내려 집으로 들어간다.

◇◇

그들에게 확실하고 믿을 만한 사람은 오직 자신뿐이다. 하지만 이런 상황에서 아내는 어떤 느낌을 받을까? 아내는 이런 반응을 보일 수 있을 것이다.

"또 시작이군. 당신은 나를 못 믿어? 내가 앞가림도 못하는 애처럼 보여?"

또는 이렇게 반응할 수도 있을 것이다.

"여보, 내가 냉장고 문은 활짝 열어 놨고, 오븐은 최고온도로 켜 놨고, 욕조에 수도꼭지는 틀어 놨고, 당신 컴퓨터 하드디

스크는 싹 비웠어. 그러니까 출발하자."

또는 이런 반응이 나올지 모른다.

"나중에 돌이켜 보고 땅을 치고 후회한 남자 이야기 알아?"

또는 이런 반응도 가능할 것이다.

"여보, 당신이 없으면 난 어떻게 살까? 당신은 정말 영리하고 꼼꼼해. 나는 이제 앞가림도 못하는 바보가 되어 버렸어."

야심찬 남자

야심찬 남자는 도전을 기꺼이 받아들인다. 그러나 모든 도전을 받아들이는 것은 아니고, 자신을 발전시킬 만한 도전만 받아들인다. 그들은 등반가처럼 정상으로 올라가려 한다. 직장생활과 사회생활, 연애에서 기회를 찾아다니고 찾아서 이용한다.

야심가는 모험을 즐기는 사업가와 비슷하지만, 항상 잘 계산된 모험을 한다. 언제나 전략을 가지고 있으며 상황 변화에 신속하게 반응하므로 탁월한 생존 능력을 발휘하고 성공하기가 쉽다.

그들의 모든 능력과 재능은 지위 상승이라는 큰 목표에 집중된다. 성공의 길을 가는 동안 그들은 중단하거나 절망하지 않는다. 오히려 자신의 강점과 약점을 현실적으로 평가하고 일상과 직장, 연애에서 영리하게 고비를 넘는다.

반려동물은 드는 노력에 비해 소득이 적어서 키우지 않는다. 빠른 자동차를 좋아하고 지위를 상징하는 수단들을 이용하며 연애조차 합리적으로 한다. 야심가는 가장 사랑하는 여자가 아니라 자기에게 가장 잘 맞는 여자와 결혼한다. 다음 상황을 보자.

어떤 남자가 사랑에 빠졌다. 그는 친구들의 저녁 식사 모임에 나간다. 그가 사랑하는 여자도 그 모임에 나온다. 그의 속마음을 아는 사람은 아무도 없다. 각자에게 자리가 배정되었는데, 안타깝게도 그는 그녀 곁에 앉지 못했다. 그럼에도 그는 그녀 곁에 앉으면서 인사를 한다. 그녀에게 물어볼 것들이 있다며 인사는 짧게 건넨다. 그는 오늘 어떤 다른 여자가 오는 줄 알았는데 자기가 착각한 모양이라면서, 혹시 사정을 아느냐고 묻는다. 여자는 당연히 자기는 모르며 관심도 없다고 대답한다.

그는 그렇게 말문을 열고 계속 질문을 던져 대화를 이어 간다. 여자가 대답하고 곧 활발한 대화가 진행된다. 곧이어 그는 자기 자리가 너무 멀어 진지한 대화를 하기가 힘들다며 그냥 자리 배치를 무시하면 어떻겠느냐고 묻는다. 그러고는 여자가 대꾸하기도 전에 스스로 대답한다. "내가 과감하게 무시할게요. 문제가 생기면 당신이 나를 도와줘야 해요."

질문을 던지는 것은 효과적인 높은 지위행동이다. 질문을 던지면 상대방에게 관심이 있음을 알리는 동시에 주도권을 쥐고 대화를 이끌면서 상대방을 파악할 수 있다. 질문을 던지는 사람은 자신감을 얻고, 상대방은 그 사람이 우월하다는 느낌을 받는다. 한마디로 유리하게 출발하는 것이다.

곧이어 남자는 낮은 지위로 내려가 여자의 도움을 청한다. 이것은 틀림없이 효과를 발휘하는 농담이다. 여자는 호감을 느낄 것이다. 결론적으로 남자는 솜씨 좋게 구애한 셈이다.

이 대목에서 아주 생생하게 드러나듯이, 지위놀이를 능숙하게 하는 것은 자신의 성격에 맞지 않는 역할을 하거나 꾸며낸 행

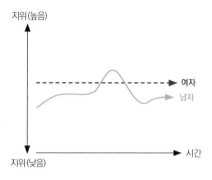

동을 하는 것과 아무런 관계가 없다. 지위놀이에서 성공하려면 무엇보다 자신이 지닌 잠재력을 완전히 발휘해야 한다. 이 장의 첫머리에서 이미 지적했듯이, 연애하는 사람은 누구나 지위 예술가다.

마초적인 남자

• 할리우드 유형

어떤 마초들은 할리우드 영화의 주인공 같다. 만능 재주꾼이고 두려움이 없으며 항상 최고여야 하기 때문에 무모한 모험도 감행한다. 끊임없이 남성성을 증명하기 위해 발가벗고 잠을 자고, 산을 옮기겠다고 나서며, 때로는 정말로 산을 옮기는 남자들이다. 로버트 레드포드Robert Redfords, 리처드 기어Richard Geres, 제임스 본드James Bond를 떠올리게 만드는 남자들이다.

그들은 무엇보다 의지력과 실천력의 조화를 통해 사람들에게 신뢰감을 준다. 거기에서 나오는 에너지를 통해 겁쟁이들과 머뭇거리는 사람들에게 용기를 심어 주는 것이다. 사람들은 그들이 발산하는 광채에 넋을 잃곤 한다. 그리고 그들을 보며 '자기가 무엇을 원하는지 아는 남자, 세상이 어떻게 돌아가는지 아는 남자'라고 느낀다.

마초들은 자신의 남성성을 확실하게 표현하려 애쓴다. 셔츠 단추를 열어 놓기 좋아하며, 피부는 갈색으로 그을린다. 비싼 손목시계와 스포츠카를 가지고 있고 유명 휴양지에 별장까지 있을 것이다. 이들에게 아내는 젊고 아름다우며 우아하고 탐나는 '장식품'이다.

◇◇◇

S#.22 방 안

어느 부부가 여름휴가를 계획한다. 남편은 요트를 타고 싶고, 아내는 유명 휴양지인 이비사에 별장을 빌려 두 딸과 함께 쉬고 싶다.

남편   지금 이비사는 너무 더워. 스웨덴에 가서 요트를 타자.

아내   그게 말이 돼?

남편   가족 전체가 타면 되지.

아내   그렇겠지. 거기다 한 네 명은 더 태울 거고.

남편   요트가 커. 당신하고 애들은 요트 위에서 도움도 안 되잖아.

아내   어떻게 될지 뻔해. 애들은 지루해하고, 당신은 금세 짜증이 날 거야. 그러면 틀림없이 친구들과 요트 경주를 하러 가야겠다는 생각이 들겠지. 그러면 나와 아이들을 어느 항구의 호텔에 남겨 두고 혼자 놀러 가겠지. 난 이비사로 갈 거야. 거긴 편안하고 유쾌해. 사람들도 만나고, 해변도 걷고, 소풍도 가고, 그냥 간이침대에 누워서 책도 읽고.

남편 이비사는 여름에 너무 덥다니까. 게다가 거기엔 내 요트도 없어서 허름한 돛단배를 빌려야 하잖아. 제대로 바람이 불면 그런 배로는 어림도 없어. 나는 이비사로 가기 싫어.

아내 그럼 나하고 아이들만 갈게.

남편 좋아, 그렇게 해.

아내 당신한테 진지하게 묻고 싶은데, 우리 가족이 언제쯤 휴가를 함께 보낼 수 있을까? 아이들이 당신 얼굴을 거의 못 봐. 이제는 아빠가 왜 없냐고 묻기 시작한다고. 그러면 내가 어떻게 대답할까? '아빠는 요트를 타야 한단다.'라고 대답할까?

남편 그렇게 하면 되겠네.

아내 아이들이 어떤 생각을 하는지 상상이나 해 봤어? 아빠가 뱃사람인 줄 알아.

남편 오버하지 마.

아내 당신 아직 대답 안 했어. 다시 질문할게. 우리가 일주일만이라도 같이 휴가를 보낼 수 있을 것 같아?

앞의 상황에서 할리우드 유형의 마초남은 가족과 함께 휴가 보내는 것을 잘 상상할 수 없다. 아내가 휴가를 계획할 수 있다는 생각은 더더욱 할 수 없다. 그의 일정과 활동을 결정하는 것은 언제나 자기 자신뿐이다. 그는 비바람 속에서 요트 여행을 하는 편이 훨씬 더 좋다. 아내와 아이들의 기분엔 전혀 관심을 기울이지 않는다. 그는 생각한다. '요트 여행은 재미있다. 아내와 아이들도 조만간 그 재미를 알게 될 것이다.'

• 쇼비니스트 유형

이들은 온전한 남자 대접을 받으려면 높은 외면 지위를 채택해야 한다고 생각한다. 그러나 내면적으로는 온전한 남자의 자격을 갖추지 못했다. 그래서 여러 이유로 하루 종일 자신이 소화할 수 없는 높은 지위행동을 한다. 이들은 멋진 말과 질펀한 농담을 해서 호감을 사고, 다른 사람들을 깎아내림으로써 자신을 돋보이게 만든다. 1970년대 이래로 우리는 이런 남자를 쇼비니스트chauvinist라고 부른다.

이 유형의 남자들은 대형차를 몰고 다니는데, 대개는 중고 대형차를 사거나 소형차를 사서 대형으로 개조한다. 옷차림은 과장되게 남성적이며, 행동은 강한 남성에 대한 전통적인 기대에 철저히 부합한다. 그들은 야심가, 보호자, 양육자, 결정권자 노릇을 한다.

그러나 겉으로만 그럴 뿐이다. 정말 중요한 순간이 닥치면 그들은 순식간에 왜소해진다. 쇼비니스트는 위험을 무릅써야 할 순간이 되면, 행동에 나서기 전에 잘잘못을 따지고 다른 사람을 징벌하기를 좋아한다.

이 유형의 남자는 자신의 잘못을 알아차리지 못한다. 그들은 마초이므로 자신에게 잘못이 있을 수 없다고 믿는다. 그래서 잘못을 저지른 사람을 찾아내서 위협하고 벌하는 데 많은 시간을 투자한다. 이 행동은 추방에 대한 무의식적인 두려움에서 비롯된다. 쇼비니스트는 자주 위대한 행동을 호언장담하지만 그런 행동을 해낼 능력이 없으므로 잘못을 저지를 가능성이 높다. 그런데 잘못을 저지르면 추방당할 위험이 생긴다. 그렇게 쇼비니스트는 추방에 대한 막대한 두려움을 갖게 된다.

 마초남이 끊임없이 남들을 헐뜯는 수준으로까지 가 버리면, 그냥 내버려 두는 것이 상책이다. 도와줄 길이 없다. 그는 스스로 늪에서 벗어나야 한다. 도와주려는 노력은 그의 무력함을 더 단단히 다지는 효과만 발휘할 뿐이다.

쇼비니스트 유형의 마초는 연애할 때 전력을 다한다. 그들의 삶은 대체로 자신의 힘과 강인함, 위대함과 대담함, 남성성을 증명하려는 노력으로 채워진다. 안타깝게도 그 노력은 실패로 돌아갈 수밖에 없다. 그들은 자신에게 경탄하는 여자를 필요로 한다. 그래서 여자에게 지킬 수 없는 대단한 약속을 하고, 결국은 여자를 실망시킨다. 그리고 여자에게 집착하고 여자가 떠나게 놔두지 않는다. 관계가 지속되고 여자가 차츰 그의 위대함에 대한 믿음을 버릴수록, 그들은 점점 더 무기력해지고 화를 낸다. 그 결말은 좋지 않다.

◇◇

S#.23 거실

아내　　치과의사가 전화해서 어떻게 된 거냐고 묻더라. 진료 예약해 놓고 취소도 안 하고 가지도 않았다며.

남편   난 예약한 적 없어.

아내   의사는 당신이 10시에 오기로 했다는데?

남편   뭘 오기로 해? 오고 가고 하는 건 내 마음대로지. 난 예약 안 했어.

아내   의사가 다시 예약할 거냐고 해서 내일 10시로 예약했어.

남편   그때는 안 돼. 그리고 나한테 먼저 묻지도 않고 예약을 해? 그게 무슨 짓이야?

아내   확정된 건 아냐. 그냥 임시 예약이야. 당신이 못 가면, 의사가 알아서 당신 차례를 뒤로 미룰 거야.

남편   완전히 난장판이구만. 아까는 내가 한 적도 없는 진료 예약을 운운하더니, 지금은 나를 제쳐 놓고 다시 예약을 해? 왜 다들 나한테 물어볼 생각을 안 하는 거지?

아내   괜찮아, 그렇게 심각한 일 아니야. 나도 전에 진료 예약 해 놓고 깜빡한 적 있어.

남편   나는 깜빡한 적 없어. 예약을 한 적이 없다고.

아내   당신이 예약했어. 내가 당신 수첩 봤어.

남편   뭐? 내 수첩을 봐? 내 허락 없이 수첩을 훔쳐봤다는 거야 지금?

아내   혹시 당신이 내일 10시에 다른 약속이 있을까 봐 일정표 한 장만 본 거야. 아무 메모도 없길래 그 시간으로 다시 예약을 했고.

남편   대단해. 아주 잘나셨어. 분명히 말하겠는데, 내 수첩 보지 마. 나 대신 나서서 예약하지 말고, 내 뒷조사하지 마. 알아들었어?

◇◇◇

아내는 대단한 인내력의 소유자다. 그러나 인내력만으로는 상황의 악화를 막을 수 없다. 아내가 계속 침착함과 느긋함을 유지한다면, 남편은 더욱 화를 내며 날뛸 것이다. 그는 실수에 대처하는 방법을 단 하나밖에 모른다. 그 방법은 자신의 실수를 부인하고 남을 탓하는 것이다. 대부분의 사람들은 이 장면의 아내처럼 인내력이 좋지 않으므로 침착하게 반응하지 못한다. 그러므로 현실에서 이런 일이 생기면 순식간에 격렬한 싸움이 벌어질 것이 뻔하다.

버림받을 위험이 임박하면, 쇼비니스트 유형의 마초는 한 걸음 더 나아간다. 그는 아내를 깎아내려 감정적인 상처를 입힌다. 아내는 제대로 하는 일이 하나도 없고, 못생겼고, 행동이 경박스럽고, 이제 늙어서 주름살투성이라고 비난한다. 더욱 교활한 마초들은 다른 여자들을 언급한다.

"방금 지나간 여자 몸매 봤어? 내가 보기에 45살은 된 것 같은데 아직도 피부가 탱탱해. 끝내주는군⋯⋯."

왜 이런 깎아내리기 행동을 할까? 자기 자신에게 지위 상승의 가망이 없기 때문이다. 그는 이미 오래전에 믿을 수 없는 사람이 되어 버렸고, 스스로도 그 사실을 안다. 그러므로 그는 누군가를 자기 아래에 두기 위해서 깎아내릴 수밖에 없다.

인내력이 강한 일부 여자들은 긍정적인 변화가 일어나리라는 희망을 품고 오랫동안 마초의 놀이에 동참한다. 그러나 도움의 손길과 포용적인 인내심은 상황을 더욱 악화시킬 뿐이다.

결론

높은 지위의 남자들에게는 다음과 같은 공통점이 있다. 그들은 약속을 많이 하며, 웬만하면 약속을 지킨다. 허세형인 쇼비니스트 유형은 예외적인데, 내면 지위가 낮고 외면으로만 지위가 높기 때문에 약속을 자주 어긴다.

결국, 높은 지위의 남자들은 가장의 역할에 적합하지만 이들이 동화 속 왕자님 역할을 맡으면 마지막엔 상대에게 실망을 안겨 주게 된다. 사적인 문제에 진정한 관심이 없기 때문이다. 이들은 계속해서 정복을 추구한다. 전문분야를 정복하고, 시장을 정복하고, 재산을 정복하고, 수집품을 정복하고, 여자를 정복하려고 한다. 이들의 인생은 끊임없는 팽창의 과정이며, 일상은 의지와 결정의 지속으로 채워진다.

여자가 안팎으로 지위가 높은 공격형 남자에게 지속적으로 흥미를 느끼려면 남자와 함께 계속 정복 활동에 나설 준비가 되어 있어야만 한다. 아이를 낳고, 보금자리를 꾸리고, 가정적으로 살기를 원하는 여자는 안팎으로 지위가 높은 남자에게 실망할 수밖에 없다. 그런 남자는 가족과 아내, 친구를 감성적으로 챙기지 않는다.

지위가 높은 두 사람이 만날 때

높은 지위의 여자와 높은 지위의 남자가 부부가 되면, 결정권자가 두 명이고 결정을 받아들이는 사람은 없는 상황이 벌어진다. 만일 두 사람 모두 자신의 지위를 고집하면, 거의 하루도

빠짐없이 더 높은 지위를 쟁취하기 위해 싸울 것이다. 그리고 그 싸움은 보통 내용보다 형식을 빌미로 하여 일어난다. 아무것도 아닌 일을 가지고 치고받다 보면 두 사람 다 상대방의 장점이나 매력을 완전히 망각하게 된다. 부부는 매일 반복되는 다툼 속에서 상대방에 대한 존중심을 잃어 가고, 그 존중심은 회복되기가 어렵다.

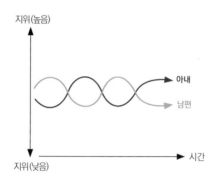

반면에 두 사람이 때때로 낮은 지위를 받아들인다면, 흥미로운 관계가 형성된다. 그러면 정기적으로 싸움이 나고 다시 화해가 이루어진다. 이런 관계의 전형적인 예로 할리우드 스타 리즈 테일러Liz Taylor와 리처드 버튼Richard Burton의 관계를 들 수 있다. 이들은 두 번 결혼했다. 리처드 버튼은 리즈 테일러의 다섯 번째 남편이자 여섯 번째 남편이었고, 리즈 테일러는 리처드 버튼의 두 번째 아내이자 세 번째 아내였다. 이들의 싸움은 전설이 되어 할리우드 외부에도 잘 알려졌다.

이들보다 융통성이 부족했던 또 다른 부부의 지위놀이는 더욱 유명하다. 찰스 황태자Prince Charles와 다이애나 비Lady Diana는 각자의 지위를 완고하게 지키면서 여러 해에 걸쳐 관계를 허물고 붕괴시켰다. 두 사람 모두 상대방이 부여한 낮은 지위를 받아들일 마음이 없었다. 부부는 결국 별거를 선택했다. 영국 왕족 사회에서 별거는 대단한 치욕이다. 관습과 대중의 엄청난 압력에도 불구하고 그들은 자기 지위를 고집하고 관계를 구제하지 않았다.

반면에 세계적인 테니스 스타 안드레 아가시Andre Agassi와 슈테피 그라프Steffi Graf 부부는 둘 다 높은 지위인데도 순조롭게 지위놀이를 하는 듯하다. 이들은 높은 지위와 낮은 지위를 둘 다 채택할 수 있는 것처럼 보인다. 빌 클린턴Bill Clinton과 힐러리 클린턴Hillary Clinton 부부 또한 적어도 미디어에 비추는 모습으로는 지위놀이 솜씨가 뛰어난 것처럼 보인다. 힐러리는 빌이 대통령일 때 저지른 불륜을 용서했고, 빌은 힐러리가 대통령 후보로 출마하는 것을 응원하고 지지했다.

이들의 생활은 흥미진진할 것이다. 아침에 나란히 깨어나면서도 상대방이 오늘 어떻게 행동할지 알 수 없다. 상대방에 대한 예상은 늘 빗나가고, 두 사람 모두 어떤 지위를 채택할지, 상대방에게 동조할지 아니면 맞설지를 항상 다시 결정할 것이다.

이런 부부는 결별과 화해를 반복할 가능성이 매우 높다. 새로운 파트너는 흥미진진한 지위놀이에 이들보다 더 능숙할 수 없기 때문이다. 이들이 새로운 상대를 파트너로 삼으면 지위놀이의 수준이 훨씬 낮아질 수밖에 없다. 그러면 이들은 흥미진진했던 과거의 지위놀이를 떠올릴 테고, 과거의 파트너에게 돌아가고 싶어질 것이다.

상대방과 함께 높은 지위로 올라가기

지위 차이가 매우 큰 두 사람이 부부가 되면 놀라운 가능성
이 열린다. 지위가 높은 사람이 일단 아래로 내려가서 지위가 낮
은 사람과 함께 위로 올라오는 것이다. 두 사람 다 상대방에게서
무언가를 배울 수 있다. 지위가 높은 사람은 애정을 주고받는 법
을, 지위가 낮은 사람은 내면적인 강인함을 배울 수 있다.

유명 패션 디자이너 코코 샤넬Coco Chanel은 고아원에서 성장
하면서 옷 만드는 법을 배웠다. 성인이 된 샤넬은 직접 만들어
입은 옷과 미모로 순식간에 남자들이 우러러보는 존재가 되
었다.

그녀는 21세에 어느 장교와 연애를 시작했고, 장교는 그녀
에게 상류사회의 예절을 가르쳤다. 얼마 지나지 않아 샤넬은 프
랑스 귀족사회에 훌륭하게 동화되었다.

코코 샤넬은 배우려는 마음가짐이 투철한 사람이었다. 그러
나 그런 마음가짐만으로는 성공할 수 없었을 것이다. 그녀의 손
을 잡고 낯설고 복잡한 세계로 이끌어 줄 사람이 무엇보다 필요

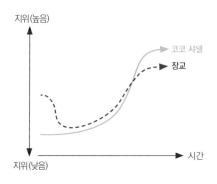

했다. 바로 그 장교가 그런 사람이었다.

관계 관리

구애할 때 우리는 매우 탁월한 지위놀이를 한다. 그 능력을 유지하기만 한다면 부부관계는 틀림없이 성공적일 것이다. 물론 성숙하고 능숙하며 우아하게 지위놀이를 해야 한다. 그러면 행복할 수 있다.

간단한 비법이다. 왜 우리가 파트너와 싸우는지 돌이켜 보자. 언제나 사소한 문제들이 크게 부풀려지기 때문에 싸운다. 구애할 때는 그런 문제들로 싸우는 일이 절대로 없다. 이 사실을 항상 기억하자. 구애하는 사람은 상대방이 원하는 것을 해 주고, 상대방의 지위를 높여 주며, 상대방의 손을 잡아 주고, 상대방에게 호기심이 많다.

시시때때로 자기 자신에게 다음과 같이 물으면 유익할 것이다. 무엇이 더 중요한가? 내가 옳은 것이 더 중요한가, 아니면 상대방이 좋은 느낌을 갖는 것이 더 중요한가? 이 질문에 스스로 대답하고 그 대답에 맞게 행동하면 된다. 언제나 정중하면서 또한 확고하게 행동하라. 당신 자신과 함께, 그리고 당신 자신에 맞서서.

이제 이론이 마무리되었으니 실전에 들어갈 차례다. 일상적인 지위놀이는 당장 실험해 볼 수 있다. 처음에는 당신 자신이나 상대방 때문에 놀이가 약간 삐걱거릴 수 있겠지만, 그렇다고 낙심할 필요는 없다. 당신은 이미 출발하여 다채로운 지위놀이의 세계에 진입했으므로 유리한 입장에 있다. 머지않아 성공의 기쁨을 누리게 될 것이다. 아래의 문장은 지위놀이의 세계를 여행하는 당신에게 좋은 동반자가 될 것이다. 굉장히 많은 모험을 한 사람의 입에서 나온 문장이다.

아주 멀리 가려면 얼마나 멀리 가야 하는지를 너무 멀리 가지 않으면서 알아내야 한다.

– 장 콕토 Jean Cocteau

지위놀이와 지위 전략을 다루는 세미나와 워크숍 등에 관한 정보를 원하는 독자는 다음 사이트를 참조하라.
독일 www.status-experte.de ｜ **한국** www.statusskills.com

감사의 말

이 책의 탄생에 기여한 모든 이들에게 감사한다. 특별히 감사의 말을 전할 분들은 아래와 같다.

안드레아 엥겐은 훌륭한 비판과 격려를 제공했다.

아가피는 정신적으로 응원했고 책의 그래픽을 맡았다.

카린 헤르버-슐라프는 원고를 꼼꼼히 읽고 편집했다.

툰 대학의 프리데만 슐츠 교수는 "이 주제로 책을 쓰십시오." 라고 조언했다.

마티아스 부르시 교수는 심리학자의 관점에서 전문적인 조언을 해 주었다.

칼하인리히 하일란트 박사는 책의 내용이 더 풍부해지도록 도와주었다.

프리데만 슈트라케는 지위 유형들에 대한 전문적인 지식을 제공했다.

'유럽 클럽55 유럽 마케팅 판매 전문가 연합'의 회원들은 이 책을 모범으로 삼았다.

수많은 세미나와 워크숍에 참석한 분들은 열린 마음과 신뢰로 기꺼이 아주 개인적인 면모들까지 보여 주었다.

STATUS SPIELE

내 지위는
내가 결정합니다

초판 1쇄 인쇄 2022년 7월 15일
초판 1쇄 발행 2022년 7월 25일

지은이 톰 슈미트·미하엘 에서
옮긴이 전대호
발행인 권윤삼
발행처 도서출판 산수야

등록번호 제2002-000278호
주 소 서울시 마포구 월드컵로165-4
전 화 02-332-9655
팩 스 02-335-0674

ISBN 978-89-8097-565-5 03320

www.sansuyabooks.com
sansuyabooks@gmail.com
도서출판 산수야는 독자 여러분의 의견에 항상 귀 기울입니다.